AF460693

CATALOGUE

DES

PORCELAINES

DE LA CHINE & DU JAPON

COMPOSANT LA COLLECTION

DE M. CH. DE F*érol**

DONT LA VENTE AURA LIEU

HOTEL DROUOT, SALLE N° 5

Les Mardi 17, Mercredi 18 et Jeudi 19 Mars 1863

A DEUX HEURES

Par le ministère de Me **CHARLES PILLET,** Commissaire-Priseur,
rue de Choiseul, 11,

Assisté de MM. **MANNHEIM,** Experts, rue de la Paix, 10

Chez lesquels se distribue le présent Catalogue.

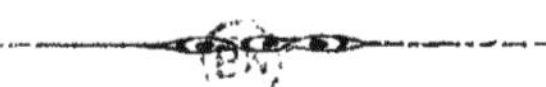

EXPOSITION PUBLIQUE

Le Lundi 16 *Mars* 1863, *de midi à cinq heures.*

LE CATALOGUE, RÉDIGÉ PAR M. A. JACQUEMART,

Se trouve :

A Paris : chez MM. Pillet, Commissaire-Priseur, 11, rue de Choiseul;
Jacquemart, 17, rue Beautreillis;
Mannheim, Experts, 10, rue de la Paix.

A Londres : Davis, New Bond Street;
Durlacher, 113, New Bond Street;
J. Webb, 22, Cork Street, Burlington-Garden.

A Bruxelles : Stein, Montagne de la Cour.

CONDITIONS DE LA VENTE

Elle sera faite au comptant.

Les adjudicataires payeront *cinq pour cent* en sus des enchères, applicables aux frais.

Paris. — Imp. Pillet fils aîné, rue des Grands-Augustins, 5.

AVANT-PROPOS.

Les idées fausses que beaucoup de personnes s'étaient faites sur les curiosités de l'extrême Orient, ont dû se modifier à la suite de l'expédition française en Chine. On a reconnu qu'il ne suffisait pas d'ouvrir des relations plus intimes ou plus suivies avec ces contrées éloignées pour se procurer à volonté les spécimens de leurs anciennes fabrications. Le sac même du palais de Youen-Ming-Youen a prouvé que les objets réellement curieux figuraient en petit nombre dans cette demeure impériale.

Une ère nouvelle a donc commencé pour les collections, et, en particulier, pour celles de porcelaine. La Hollande, dont les entrepôts sont épuisés, n'apporte plus, en élément à nos ventes, que des choses vulgaires ou des échantillons tarés. Les belles pièces surgissent seulement lorsqu'un cabinet ancien vient à passer aux enchères, et elles vont immédiatement s'ajouter à quelques collections d'élite, commencées de longue main et poursuivies avec une patience intelligente.

Telle est celle de M. Ch. de F.; formée lorsque le choix était encore possible, épurée constamment, elle est aujourd'hui l'une des plus complètes en documents historiques, l'une des plus précieuses en spécimens exceptionnels.

Nous ne parlerons pas des nombreux types inscrits de dates dynastiques ou de phrases votives; ils sont décrits avec soin dans l'ordre de leur classification. Nous insisterons particulièrement sur ce fait que toutes les Familles, à leurs diverses époques, sont représentées sous un aspect curieux. La porcelaine archaïque ou coréenne, modèle des fabrications chinoise et japonaise, a de belles pièces figuratives; la famille chrysanthémo-pæonienne se montre brillamment dans ses deux nationalités chinoise et japonaise. La famille verte, cette reine de la porcelaine, remarquable par l'éclat de la pâte, imposante par l'originalité, la grandeur des compositions historiques ou sacrées, réunit des spécimens du plus haut prix. Quant à la famille rose, ses divisions chinoise et japonaise se dessinent nettement pour quiconque sait comprendre le langage des arts, et distinguer entre des objets de décor, habilement combinés pour l'effet meublant, et des œuvres artistiques où des hommes de talent ont su laisser l'empreinte de leur génie particulier. La porcelaine d'échantillon est ici nombreuse et choisie ; l'école à Mandarins se manifeste surtout par un spécimen des plus importants au point de vue du volume, de l'exécution et du procédé spécial.

Dans les vases à fonds de demi grand feu, les bleu turquoise et les violets divers offrent des pièces sans rivales ; les craquelés, les yao-pien, les soufflés sont représentés par des ouvrages aussi variés que remarquables. Quant au rouge de cuivre, étendu en fonds ou posé sous la couverte en dessins délicats, partout il est merveilleusement réussi, surtout dans le grand oiseau impérial japonais, pièce aussi exceptionnelle par sa forme et sa dimension que par l'éclat de son enduit pourpré.

Les truités verts montrent, dans cette collection, des variétés qu'on ne saurait rencontrer ailleurs ; enfin dans les pièces à jours cloisonnés, dans les bleus, si estimés des Chinois, et dans les porcelaines de troisième qualité, particulièrement employées à la statuaire, on peut citer encore des œuvres dignes de toute attention.

La porcelaine dure de Perse, longtemps méconnue, malgré les indications des anciens catalogues, devait trouver une place dans cette série historique ; on en voit, en effet, de curieuses pièces bleues ou polychromes, qui viennent prouver une fois de plus combien les produits des arts orientaux se lient étroitement dans les diverses contrées voisines, et avec quel soin il faut rechercher les caractères qui les spécialisent.

A. Jacquemart.

DÉSIGNATION

DES OBJETS

1 — Deux compotiers légèrement lobés et découpés, portant au centre un médaillon arabesque encadré, en forme d'étoile, à fond vert piqueté et ornements divers. Autour, dans chaque lobe, un bouquet de vanille, pivoine, nélumbo, pêches, etc.

Marque en bleu au cachet.

Ancienne fabrication, pâte d'un blanc mat.

Diamètre, 27 cent.

2 — Grand compotier à bordure bleue, composée de raisins et feuilles de vigne, fond partiel en dessins stellés et losangés de rouge de fer, avec grandes réserves à bouquets polychromes. Médaillon central très-grand

et entièrement couvert de branches de pivoine sortant de derrière un rocher.

Marque en bleu, composée d'une fleur polypétale.

Très-ancien style, très-ancienne fabrication.

Diamètre, 385 millim.

3 — Grands plats chrysanthémo-pæoniens; riche bordure à bouquets bleus rehaussés d'or, sur laquelle se détachent des médaillons encadrés de noir et d'or, contenant des fleurs polychromes sur fonds noir et or. Médaillon central entouré d'une bordure dentelée rouge; quatre médaillons noirs à papillons entourent un vase d'où partent des tiges chargées de fleurs.

Belle pièce ancienne.

Diamètre, 35 cent.

4 — Deux grands compotiers à bordure verte piquetée, semée de papillons et fleurs, et coupée par des réserves ornementales. Fond losangé vert à rosaces rouges, parsemé de dragons. Rosace arabesque centrale à modèles. Autour, des réserves en forme de feuilles et fruits avec des paysages, des fleurs et des animaux sacrés.

Marque à la feuille.

Très-ancienne et très-belle fabrication; décor d'une richesse rare dans la famille verte.

Diamètre, 39 cent.

5 — Deux grands compotiers à bord découpé, contour à fond partiel, brun métallique, losangé d'or, avec médaillons ornés de modèles. Au centre, un bouquet ornemental, exécuté en or, rouge de fer et brun métallique rehaussé d'or.

Beaux spécimens d'une espèce ancienne et rare.

Diamètre, 35 cent.

6 — Quatre compotiers festonnés et lobés au pourtour, avec deux grands cartouches portant la haie de graminée, des fleurs et la chrysanthème armoriale en or. Les deux autres cartouches sont divisés en trois bandes, l'une fond bleu à fleurs, les deux autres fond d'or, aveç les fleurs du domaine impérial de Yamato.

Au centre, un panier noué par une ganse à gros glands et contenant des fleurs.

Ces pièces ont fait partie du Musée de Dresde; elles sont très-anciennes et d'une belle conservation.

Diamètre, 24 cent.

7 — Compotier en porcelaine mince de la famille verte, décoré de bordures et de rinceaux portant des chrysanthèmes en rouge de fer, manganèse et jaune pâle.

Sous le bord, les signes honorifiques, et en dessous, la marque en bleu à la feuille.

Style persan.

Diamètre, 21 cent.

8 — Compotier en porcelaine épaisse, bordure pailletée rouge à rinceaux verts et grosses pivoines de diverses couleurs. Fond partiel à mosaïque stellaire. Bordure intérieure en rouge, vert et jaune, encadrant un médaillon central où se voient le Ki-lin et le Fong-hoang dans un paysage à bananiers.

Ancienne fabrication.

Marque à la feuille.

Ce genre est évidemment le type sur lequel a travaillé l'école persane; on peut voir les imitations nos 14.

Diamètre, 34 cent.

9 — Grande applique porte-lumière, à contour arabesque, et terminée à sa partie supérieure par le Dieu Pou-taï, assis sur le nélumbo et ayant à ses côtés deux chiens de Fo.

Des bordures roses clathrées et pavées circonscrivent les bords, et un médaillon central en relief. Le sujet de celui-ci représente des femmes et des enfants jetant des exclamations à la vue d'un poisson à tête de dragon qui rampe dans le jardin. Tout le reste de la plaque est occupé par une procession marchant au son des instruments, et portant des emblèmes sacrés, tels que le dragon, le singe, le poisson, un coq, la roue du bonheur, etc.

Ancien, rare et beau spécimen de la famille rose chinoise.

Haut. 57 cent.; larg. 36 cent.

10 — Assiette à bord découpé. Marly fond rouge de fer, avec fleurs et ornements en réserve. Au fond, un médaillon portant le génie des nélumbos, enfant nu, paré de bracelets et de périscélides, se tenant debout sur les fleurs de la plante, et se détachant sur un fond vert, qui paraît indiquer les eaux avec leurs végétations mousseuses.

Curieux spécimen d'une belle fabrication.

Diamètre, 21 cent.

11 — Deux compotiers à six lobes découpés, ornés, au centre. d'un médaillon de forme hexagonale, à bordure fleuronnée, contenant deux coqs sur un terrain plantureux. Sur chaque lobe, à l'intérieur et à l'extérieur, un bouquet formé d'une tige droite épanouie à son sommet.

Marque à la célosie.

Pièce rappelant le style archaïque. Vieille fabrication.

Diamètre, 21 cent.

12 — Plateau à bord droit, en porcelaine de Chine, laqué en noir et orné de deux bordures et d'un paysage en burgau de la plus fine exécution. Les montagnes et les terrains sont en poussière de burgau; des bambous et des arbres ont été scrupuleusement rendus, et des incrustations d'or et d'argent ajoutent encore à la richesse de la mosaïque.

En dessous, une inscription à six caractères indique que la porcelaine a été fabriquée pendant la période Tching-hoa de la dynastie des Ming (1465 à 1487).

Cette pièce est décrite dans l'*Histoire de la porcelaine*, page 149.

Diamètre, 25 cent.

13 — Compotier denté et strigillé par le bord, en porcelaine épaisse, décorée d'une bordure à médaillons et chrysanthèmes en bleu, rouge et or. Au centre, des nuages, des bambous et un pin.

Sous le pied est une inscription à six caractères indiquant que la pièce a été fabriquée pendant la période Tching-hoa de la dynastie des Ming (1465-1487).

Diamètre, 21 cent.

14 — Deux compotiers en porcelaine mince, décorés, en émaux de la famille verte, avec des bordures, des bouquets et rosaces de style chinois. Celui n° 1 est encore assez près du type copié; mais le n° 2 a, dans sa première bordure, les rinceaux employés dans les faïences de Perse, et les divers compartiments du pourtour portent non point des bouquets, mais des palmes persanes.

Ancienne fabrication.

Diamètre, 220 millim. et 225 millim.

15 — Grand compotier en porcelaine épaisse, bordé d'arabesques vertes sur le fond blanc piqueté de brun; fond partiel à mosaïque rouge, encadrant un grand médaillon arabesque bordé de vert à rinceaux noirs. Ornements d'un style particulier, meublant un fond piqueté de brun; rosace persane au milieu.

Pièce d'un haut intérêt par la rudesse et la singularité de son décor; très-ancienne porcelaine.

Diamètre, 325 millim.

16 — Grand plat dont le marly est décoré de quatre bouquets émaillés. Sur la chute, une bordure fond vert à bâtons rompus. Au fond, la déesse de la longévité près du pêcher à fleurs; elle tient le ling-tchi, est suivie du cerf axis, et a, non loin d'elle, un jeune suivant portant un panier de fleurs.

Très-belle pièce ancienne.

Diamètre, 39 cent.

17 — Grand plat dont le marly porte trois bouquets émaillés. Au fond, un sujet représentant deux femmes dans un paysage; l'une est appuyée sur un saule, l'autre porte un paquet de vêtements.

Belle pièce de la famille rose chinoise ancienne.

Diamètre, 43 cent.

18 — Compotier à douze pans, décorés chacun d'un médaillon

en réserve ou à fond rouge, sur bleu grand feu. Au milieu, un bouquet de pivoines en rouge, bleu et or; pourtour extérieur semblable à l'intérieur, et aussi riche d'ornements.

Sous le pied, une inscription votive de quatre caractères : la *Richesse*, les *Dignités*, un *Printemps éternel*.

Pièce dont les couleurs sont d'une grande pureté.

Diamètre, 26 cent.

19 — Compotier décoré en plein de bambous sur lesquels se tient un oiseau gros-bec, à ventre rose, et de branches de bégonia. Deux petits cartouches à caractères anciens sont dans le champ.

Marque en bleu sous le pied, composée d'un petit cachet.

Époque de transition de la famille verte à la famille rose.

Diamètre, 27 cent.

20 — Plat en belle porcelaine japonaise. Sur le marly, des rinceaux alternativement rouges et violets, à feuilles d'acanthe vertes, forment une riche bordure rehaussée encore de rosaces d'or. Au-dessous, une bande en bleu sous-couverte porte des dessins en or de style européen. Au centre, un iris et une autre fleur, en émail finement travaillé, portent des chenilles. Un papillon hespérie vole au-dessus du bouquet.

Le dessin de cette pièce est figuré dans l'*Histoire de la porcelaine*, planche XI, n° 3.

Porcelaine rare du commencement du dix-septième siècle.

Diamètre, 26 cent.

21 — Assiette profonde à marly découpé sur le bord. Autour, six médaillons renfermant alternativement des bouquets et des modèles. Au milieu, sur un rocher, des chrysanthèmes, des pivoines et des cinéraires. Des papillons et insectes volent auprès des fleurs.

A l'extérieur, des arabesques et des fleurs. Dessous, la marque *Yu*, jade, en bleu.

Beau spécimen ancien d'une porcelaine mince et fine.

Diamètre, 27 cent.

22 — Grand compotier entièrement émaillé en beau rouge de fer. Un décor, composé d'un pin, d'un bambou et d'une branche de pêcher, a été enlevé sur le fond et retouché au pinceau, de lignes très-fines en rouge de fer pâle; deux oiseaux ont reçu, en outre, des touches noires. Sous le bord, des bambous enlevés; sous le pied, un cachet rouge.

Rare exemplaire d'une curieuse décoration enlevée soit à la meule, soit à l'acide.

Porcelaine ancienne.

Diamètre, 245 millim.

23 — Plat marly fond rouge, avec ornements arabesques en réserve. Au centre, les compartiments d'un jardin et un grand bouquet partant d'un rocher. Ce décor est exécuté avec les émaux de la famille verte, mais le bleu est émaillé.

En dessous, un cachet en bleu sous couverte.

Belle fabrication ancienne.

Diamètre, 26 cent.

24 — Grand plat en céladon bleu empois, décoré d'ornements archaïques, et au centre du signe *fou*, bonheur; le tout circonscrit par un trait saillant d'émail blanc, et rempli de bleu foncé à la manière du cloisonné sur métal.

En dessous, un cachet bleu.

Espèce japonaise très-rare en pièces plates, et d'une réussite parfaite.

Diamètre, 29 cent.

25 — Compotier en fine porcelaine de la famille verte; le pourtour est divisé en médaillons alternativement occupés par des figures et des vases de fleurs.

Au centre, entre deux bouquets, l'armoirie de la ville de Loven (Louvain), de gueules à la face d'argent, surmontée d'une couronne de comte.

Pièce de service commandée anciennement par les états de Hollande.

Diamètre, 27 cent.

26 — Compotier en porcelaine mince, à bordure variée, portant les signes honorifiques. Sujet représentant un empereur sous sa tente, assis devant sa table de travail. La déesse Kouan-in lui apparaît portant un vase d'or et un étendard. Au premier plan, des guerriers dorment près de leurs tentes.

Ce sujet est mentionné dans l'*Histoire de la porcelaine*, page 207.

Belle et intéressante pièce ancienne.

Diamètre, 265 millim.

27 — Compotier formant pendant au précédent; on y voit un jeune guerrier armé de deux masses d'armes, et poursuivant, au galop de son cheval, un empereur, aussi à cheval, et qui se retourne en le menaçant d'une lance. Un cavalier céleste entouré de nuages considère cette scène tirée, sans doute, du San-koué-Tchy.

Cette pièce est mentionnée dans l'*Histoire de la porcelaine*, page 209.

Diamètre, 265 millim.

28 — Deux plateaux en magnifique porcelaine, décorés d'un sujet de deux femmes et un enfant dans un intérieur richement meublé; ils paraissent considérer un coq et une poule qui picorent non loin d'eux.

L'une des pièces porte, en dessous, une marque à six caractères indiquant la période Young-tching de la dynastie du Taï-thsing (1723-1735).

Nous avons développé dans l'*Histoire de la porcelaine*, page 324, les raisons qui nous font considérer les spécimens de ce genre comme particulièrement curieux.

Diamètre, 167 millim.

29 — Grand plat décoré en plein d'un sujet de roman : Un jeune homme, monté sur un mulet et suivi d'un domestique, sort à la hâte d'une ville et semble remarquer une jeune fille qui va traverser une rivière dans un bateau conduit par une vieille femme.

Pièce rare par le sujet et le genre des émaux. Ancienne famille rose.

Diamètre, 355 millim.

30 — Deux compotiers en porcelaine japonaise. Sur le marly, des rinceaux alternativement rouges et violets, à feuilles d'acanthe vertes, formant une riche bordure rehaussée de rosaces d'or.

Au-dessous, une bande en bleu sous-couverte porte des dessins en or de style européen. Au centre, un iris et une autre fleur, en émail finement travaillé, portant des chenilles; un papillon vole au-dessus du bouquet.

Pièces du même service que le plat n° 20.

Diamètre, 17 cent.

31 — Deux assiettes à décor de la famille verte. Au centre,

une rosace entourée d'une bordure réticulée; autour, de grandes arabesques avec pommes de pin en bleu et riches émaux vert, jaune, rouge de fer.

Riche décor exécuté avec soin.

Diamètre, 225 millim.

32 — Trois plats dodécagones à six grands pans et six petits, décor chrys.-pæonien riche; les petits pans, fond bleu décoré d'or : les grands, deux blancs à paysages, les quatre autres, d'or à corbeilles de fleurs.

Au centre, dans une bordure arabesque, une corbeille à fleurs sur son support.

Envers décoré d'arabesques et de modèles, et marqué d'une chrysanthème.

N° 8 de la Collection de Dresde.

Pièces anciennes et bien conservées, comme toutes celles de l'ancienne Collection du roi de Saxe.

Diamètre, 31 cent.

33 — Deux assiettes en émaux de relief. Bordure bleue à fleurs et nuages, et striée de noir; guirlande arabesque très-riche couvrant la chute et une partie du marly. On y remarque tous les fonds de la famille rose.

Au centre, une corbeille portant des fleurs.

Diamètre, 255 millim.

34 — Deux assiettes à bord découpé, décorées de feuilles versicolores et fleurettes de l'Inde.

Dix-huitième siècle.

Diamètre, 225 millim.

35 — Assiette à bordure arabesque richement composée de fonds divers; réserves à fleurs en brun métallique rehaussé d'or. Au centre, un rocher garni de pivoines et deux faisans argentés; le tout en émail très-saillant.

Ancienne famille rose.

Diamètre, 23 cent.

36 — Assiette à bordure émaillée rose avec rinceaux noirs, et fleurs blanches et bleues. Sur le marly, des fleurs à feuillage ornemanisé. Sur la chute, une bordure vert d'eau losangée et à réserves de fleurs. Au centre, un coq sur un rocher, et des fleurs de pivoine et de pêcher.

Diamètre, 225 millim.

37 — Assiette curieuse montrant le passage du travail de la famille verte aux émaux à reliefs. Marly fond bleu pâle émaillé, relevé de hachures noires et de nuages. Deux réserves en forme de feuilles ont reçu des bouquets; deux autres dessinent, par un fond rouge pailleté d'or, une arabesque, aussi enrichie de fleurs.

Au milieu, des vases chargés de bouquets sont posés sur un rocher qu'entourent d'autres fleurs et un ling-tchi.

Diamètre, 23 cent.

38 — Plat orné sur le marly de nuages en bleu sous-couverte vermicellés d'or. Entre, des bouquets de fleurs et de fruits. Au fond, un rocher bleu portant de grosses fleurs, et auprès, un bambou en bleu rouge et or.

Diamètre, 26 cent.

39 — Potiches basses non couvertes, à col très-court, terminé par un bourrelet évasé; grès lâche de pâte, verni en émail gris craquelé. Décor polychrome, composé de bordures arabesques en rouge et vert, et de sujets à personnages. Sur l'une des pièces est le dieu des baladins, entouré de ses serviteurs; sur l'autre, on voit le dieu des démons, avec des diables qu'il a soumis et qui grimacent. L'un veut entraîner un tigre qui résiste, et l'autre, qui est devant, porte un oiseau accroché à une fourche.

Très-ancienne fabrication.

Haut. 22 cent.

40 — Bol très-évasé, légèrement lobé et découpé sur les bords. Décor de la famille verte, composé intérieurement

d'un paysage formant bordure, et au fond, d'une fabrique près d'un rocher.

Au dehors, les lobes sont alternativement occupés par des paysages et des inscriptions de deux vers, avec titre et signature.

Belle et ancienne pièce d'un genre rare.

Diamètre, 22 cent.

41 — Urne basse, turbiniforme tronquée, à filet arrondi sur le bord. Elle est couverte d'un beau jaspé bleu foncé sur fond bleu pâle, posé par insufflation et fondu à la moufle.

Rare et ancienne pièce, de forme intéressante et de grande dimension.

Haut. 16 cent.

42 — Bol subhémisphérique portant à l'extérieur les huit immortels caractérisés par leurs attributs divers; ils sont en bleu sur un fond en beau rouge de cuivre, figurant les flots de la mer. A l'intérieur, un médaillon présente Cheou-lao, le dieu de la longévité, appuyé sur son cerf et entouré de nuages et des flots.

Cachet bleu en dessous.

Porcelaine ancienne, travail d'une égalité parfaite et d'une réussite merveilleuse de couleur.

Diamètre, 22 cent.

43 — Beau bol trempé extérieurement en vernis nankin, et mis en couverte blanche, en dedans, au moyen du pinceau. A l'extérieur, deux dragons à quatre griffes et deux fong-hoang parmi les nuages. A l'intérieur, tous les signes honorifiques et sacrés, peints avec les émaux de la famille verte.

En dessous, une inscription de six caractères indique que la pièce a été fabriquée pendant la période Tching-hoa de la dynastie des Ming. (1465 à 1487.

Diamètre, 195 millim.

44 — Bol surbaissé et d'une forme élégante, couvert d'un émail vert d'eau et orné d'un bouquet émaillé, de la famille rose, partant du bord et occupant un côté seulement de la pièce.

Fond très-rare sans gravures.

Diamètre, 21 cent.

45 — Bol en belle porcelaine, couverte au dehors d'une teinte uniforme de rouge de fer de la plus parfaite réussite.

En dessous, marque en bleu au cachet.

Spécimen rarissime et d'un éclat extraordinaire.

Diamètre, 195 millim.

46 — Grand présentoir émaillé vert d'eau, et finement truité. Cachet bleu.

Porcelaine ancienne, couleur très-rare.

Diamètre, 215 millim.

47 — Bol hémisphérique en porcelaine de la famille verte, avec son plateau, décoré intérieurement de bouquets de nélumbo gravés dans la pâte, d'une bordure piquetée à fleurs, avec réserves, et d'un bouquet placé au fond.

L'extérieur est un beau vernis nankin à bordure verte; quatre bouquets de nélumbo ornent le pourtour.

Très-ancienne fabrication.

Diamètre, 19 cent.

48 — Deux bols à pied bas et évasés. Email extérieur jaune, gravé à la pointe, de rinceaux très-fins; bouquet de la famille rose jeté sur un côté des pièces.

Cachet en dessous.

Belles pièces de l'époque de Young-Tching.

Diamètre, 19 cent.

49 — Deux bols à bâtons rompus en relief, sur fond vert pâle; médaillons réservés portant des plantes et insectes de la plus grande finesse, exécutés en émaux de la famille verte.

Sous le pied une marque en creux composée d'une fleur de nélumbo.

Délicieuses pièces, d'une date très-ancienne et de la plus belle fabrication.

Diamètre, 19 cent.

50 — Magnifique bol campanulé très-ouvert, de forme persane, couvert d'un bleu turquoise truité de la plus merveilleuse régularité.

Précieux spécimen ancien.

Diamètre, 215 millim.

51 — Grand bol en porcelaine portant à l'extérieur une ornementation réticulée en relief, sur fond vert, et des médaillons ornés de fleurs de la famille verte.

L'intérieur est orné, en rouge de fer et or, d'une bordure et d'un médaillon renfermant un bouquet.

Magnifique pièce du plus beau travail.

Diamètre, 26 cent.

52 — Bol très-surbaissé, de forme persane, en porcelaine mince, entièrement recouverte d'un émail vert tendre. Le pied, émaillé blanc, est marqué d'un cachet bleu.

Pièce ancienne de la plus belle fabrication.

Diamètre, 20 cent.

53 — Bol surélevé, de forme rare, à pied très-bas évasé. Extérieur couvert d'un émail vert tendre, opaque, gravé à la pointe de fins rinceaux et décoré d'un bouquet de la famille rose, jeté irrégulièrement.

Marque bleue au cachet dit impérial.

A l'intérieur, un rocher sortant des flots de la mer et deux chauves-souris.

Couleur très-rare.

Diamètre, 19 cent.

54 — Ting ou brûle-parfums à quatre pieds, carré long, de plan, avec médaillons saillants sur chaque face de la panse, et moulure formant retrait pour conduire au col, qui se termine par un bord plat portant des anses dressées.

Sur toutes les faces, les mots : fou, bonheur, et cheou, longévité, en Ta-tchouan, formant relief.

Couverte bleu trempée, de la plus belle teinte : en dessous, un cachet en Siao-tchouan.

Porcelaine ancienne.

Haut. 29 cent., anses comprises; larg. 21 cent.

55 — Cuve à pourtour cylindrique et bord plat découpé d'arabesque à quatre médaillons de modèles ; le reste est occupé par un fond mosaïque des plus rares, avec quatre fleurs ornementales. Au pourtour intérieur, quatre bouquets, et au fond un sujet représentant un empereur donnant audience dans un site rocheux. Derrière lui, son porte-parasol et deux guerriers armés. A chacun de ses côtés est une femme ; l'une de celles-ci tient une guitare. Deux suppliants paraissent devant lui.

Magnifique pièce du plus beau style et très-ancienne.

Diamètre, 40 cent.; haut. 10 cent.

56 — Grand compotier à pourtour découpé à jour; double bordure rouge losangée. Décor émaillé composé d'un

bouquet de pivoines, de matricaires et d'un lis jaune. Un oiseau à bec fin est posé sur l'une des branches.

Remarquable fabrication.

Quelques restaurations dans la bordure.

Diamètre, 35 millim.

57 — Grande vasque campanuliforme richement décorée en émaux de la famille verte ; bordure intérieure à fonds variés, avec réserves de paysages. Au fond, le chien de Fo. Décor plein, extérieur représentant des personnages impériaux prenant le thé sur la terrasse d'un palais, et assistant à une course de femmes, qui sortent au galop d'un bosquet garni de feuillages.

En dessous, marque au Ling-tchi.

Pièce rare décrite dans l'*Histoire de la porcelaine.*

Pied à consoles en bois de fer sculpté à jour.

Diamètre, 34 cent.; larg. 16 cent.

58 — Une paire de potiches losanges de plan, à col légèrement rentrant par une courbe, et couvercle arrondi surmonté du chien de Fo. Fond rouge; filets en relief portant la bordure ocellée.

Grands médaillons occupés par des sujets familiers à mandarins; dans les réserves du col, des oiseaux sur des branches d'arbres.

Belles pièces anciennes d'une forme rare.

Haut. 335 millim.; diam. 170 millim.

59 — Deux gobelets coniques à pied, forme verre à champagne; sur le pied, bordure tressée rouge et fond jaune orné de fleurs et d'arabesques noires; nœud rouge de fer à fleurs en réserve, surmonté de dents vertes et rouges. Le corps du gobelet porte un rocher avec des plantes et des oiseaux.

Pièces remarquables et non moins curieuses que le n° 85.

Haut. 135 millim.; diam. 74 millim.

60 — Potiche hexagone à moulures saillantes sur les angles, et couvercle surmonté du chien de Fo. Fonds partiels filigranés d'or, à réserves renfermant des paysages en camaïeu bistré; grandes surfaces occupées par des sujets à mandarins finement peints de couleurs polychromes.

Bel exemplaire d'époque ancienne, remarquable par ses ors brunis; il est analogue à celui représenté dans la planche IX de l'*Histoire de la porcelaine.*

Haut. 59 cent., couvercle compris.

61 — Magnifique jatte hémisphérique élevée, décorée extérieurement d'une première zone en bleu, rouge et or, formée d'une guirlande de branches de pin et de pêcher. Au-dessous, une ceinture fond bleu à rinceaux de chrysanthèmes en or; plus bas, des bouquets de pivoines et chrysanthèmes en polychrome.

Cette pièce est de fabrication ancienne et du plus beau style.

Belle fabrication rehaussée de verts vifs.

Diamètre, 33 cent.; haut. 22 cent.

62 — Boîtes à thé doliiformes à couvercles plats surmontés du chien de Fo; anses en relief formées de têtes d'éléphant, double bordure de points saillants en émail.

Décor bleu composé de cartouches à sujets historiques où figurent des empereurs et des impératrices.

Marque à six caractères, indiquant que les pièces ont été fabriquées dans la période Kia-thsing de la dynastie des Ming (1522 à 1566).

Très-belle fabrication.

Diamètre, 17 cent.

63 — Plaque de revêtement; ancienne porcelaine de Chine décorée en émaux de la famille verte. Bordure coupée par de petites réserves et formant un encadrement complet. Sujet hiératique représentant deux hommes tenant des masses et précédant deux porteurs chargés d'un trépied d'offrandes; un cavalier, ayant dans la main droite un chasse-mouches, clôt la procession.

Spécimen rare et très-curieux.

Larg. 26 cent.; haut. 19 cent.

64 — Compotier ayant au centre une étoile ornementale fond vert avec arabesques, et au pourtour quatre médaillons agrestes portant des fleurs variées sur des rochers; entre ces médaillons, des branches fleuries.

Ancienne et belle fabrication.

Diamètre, 27 cent.

65 — Assiettes en très-ancienne porcelaine à émail cassant; marly à fonds variés de la famille verte, avec réserves ornées de pivoines et fleurettes. Au fond, les emblèmes de longévité: l'axis et sa femelle, le pin, des lingtchi et un arbre à feuillage rouge.

Au revers, la marque au ling-tchi.

Très-ancien style.

Diamètre, 26 cent.

66 — Compotier en fine porcelaine, à bordure verte pavée, fond partiel vert piqueté, formant quatre médaillons remplis de fleurs croissant sur des rochers. Au centre, bordure circulaire réticulée sur fond vert, entourant un fond jaune sur lequel se détache une rosace à huit divisions alternativement rouges et vertes. Bordure et bouquets extérieurs.

Marque à la feuille.

Belle fabrication ancienne.

Diamètre, 27 cent

67 — Deux grandes cuves subcampanulées, en porcelaine bronze, à anses en têtes de dragons se rattachant sur une zone sculptée, à fond mosaïque, avec relief d'ornements archaïques.

Ces magnifiques pièces, très-anciennes, sont d'une dimension exceptionnelle et d'une réussite parfaite.

Diamètre, 39 cent.

68 — Vase lagène cylindrique orné en bleu, de modèles, et daté de Tching-hoa (1465 à 1487).

Haut. 11 cent.

69 — Bouteille cylindrique à col de même forme et terminé par un bord plat. Décor bleu sous-couverte, composé d'une double rangée d'ornements arabesques et d'une ceinture de fins rinceaux parsemée de grosses fleurs régulières. A la base du col, feuilles d'eau et fins ornements formant bordure.

En dessous, une inscription de quatre caractères indique la période Tching-hoa (1465-1487).

Haut. 11 cent.

70 — Deux vases lagènes cylindriques, à cols de même forme, terminés par un bord plat. Décor bleu, composé d'une bordure arabesque et de signes sacrés garnissant le col et les hanches des vases, et de lang-lyzen alternant avec des bouquets, sur la panse.

Marque à quatre caractères de la période Tching-hoa (1465 à 1487).

Haut. 11 cent.

71 — Deux assiettes dont la bordure, découpée en arabesques forme de grenades, est composée d'une grecque et d'un fond de fleurs et rinceaux en bleu de relief. Réserves avec paysages.

Au centre, une banderole déployée, ornée d'un

paysage camaïeu. Autour, des fleurs et ornements en rouge, brun ferrugineux et or.

Belle fabrication, émail bleu rare.

Diamètre, 225 millim.

72 — Deux assiettes à fond vert piqueté sur le marly, et réserves portant des poissons et des écrevisses. Au milieu, bouquet de grenadier et de bégonia, avec la veuve à deux brins sur l'une des branches.

Vieille fabrication.

Diamètre, 23 cent.

73 — Deux compotiers finement godronnés et découpés à dents profondes. Au centre, un panier à jour contenant un bouquet de chrysanthèmes et pivoines, en émaux de la famille verte.

Porcelaine du plus ancien style.

Diamètre, 24 cent.

74 — Assiette décorée, sur le marly, de médaillons arabesques alternant avec des modèles. Sur la chute, une bordure verte, et au fond, un sujet représentant un homme à cheval avec son domestique, passant près des murs d'un miao; dans les vides sont semés des modèles.

Marque au vase libatoire.

Très-ancien style.

Diamètre, 22 cent.

75 — Compotier en fine porcelaine, dont le pourtour est orné de fleurs de chrysanthèmes, à jours cloisonnés en couverte. Décor émail bleu en relief, formant une couronne arabesque dans laquelle viennent se grouper les fleurs à jour. Au centre, un bouquet de chrysanthèmes en bleu de relief rehaussé d'or.

Charmante application ancienne du travail dit à grains de riz. Cette belle pièce est évidemment japonaise.

Diamètre, 20 cent.

76 — Compotier en porcelaine fine, à décor plein artistique, passant au style mandarin. Le sujet représente deux jeunes filles dans un jardin, qui viennent parler à un jeune homme par la fenêtre d'un pavillon. Une bordure d'or à rinceaux de bon style orne le portour.

Pièce ancienne.

Diamètre, 215 millim.

77 — Compotier décoré d'un bouquet émaillé de pivoines et de chrysanthèmes; un insecte vole au-dessus des fleurs.

Famille rose chinoise ancienne.

Diamètre, 20 cent.

78 — Compotier en porcelaine très-fine décorée d'une bordure à losanges et de trois médaillons à fleurs d'or.

Le reste est couvert de bouquets et ornements en émail blanc rehaussé de traits à la pointe.

Belle fabrication japonaise.

Diamètre, 21 cent.

79 — Plat creux à fond rouge d'or, avec partie en réserves décorées de peintures émaillées. Au fond, un cartouche imitant une feuille roulée à ses extrémités et doublée de vert à losanges, porte deux coqs parmi des pivoines; une branche de pêcher passe sous ce cartouche. Sur le marly, quatre médaillons à paysages alternent avec des fleurs de vanille.

Porcelaine d'échantillon.

Diamètre, 23 cent.

80 — Assiette à marly fond vert, losangé de jaune et parsemé de chrysanthèmes en rouge de fer; quatre réserves à bouquets. Fond partiel bleu dessinant une rosace arabesque à six divisions, dont trois sont occupées par la figure du génie des nélumbos et trois par des bouquets.

Décor rare avec bleu sous-couverte.

Diamètre, 22 cent.

81 — Six assiettes à bordure de rameaux fleuris. Fond partiel rouge de fer à fleurs et rinceaux réservés. Quatre ré-

serves en éventail portant des rochers et des fleurs, et au centre, un fong-hoang dans les nuanges. Extérieur en bleu fouetté.

Ancienne fabrication.

Diamètre, 21 cent.

82 — Charmante gourde en porcelaine émaillée en bleu pâle et couverte d'un fin jaspe bleu pourpré, posé par insufflation, et qui s'est fondu à la moufle.

Spécimen des mieux réussis dans ce genre.

Ancienne et curieuse pièce.

Haut. 16 cent.

83 — Urne ovoïde à bord renflé en bourrelet; elle est entièrement émaillée en vert feuille de camélia à grandes craquelures. Le pied est noir.

Cette pièce exceptionnelle est la première qui nous ait offert un grand craquelé sur vert vif. L'émail est d'une réussite parfaite et de l'espèce que les Chinois nomment *chang-lou*, vert supérieur.

Haut. 11 cent.

84 — Potiche ovoïde tronquée à la base, et à goulot rentrant et étroit. Fond rouge de fer vif et profond. Décor émaillé composé d'un pêcher à fleurs portant un passereau.

Espèce très-rare et d'un effet agréable.

Haut. 13 cent.

85 — Gobelet octogone à pied en fine porcelaine à bordures de bleu sous-couverte. Chaque face est décorée d'un sujet agreste en émaux de la famille verte.

Sur le pied, une bordure fond vert avec arabesques noires.

Figuré *Histoire de la porcelaine*, pl. V, n° 4. Cette rare pièce est de la plus grande finesse comme pâte et comme peinture.

Haut. 12 cent.

86 — Bouteille en porcelaine bise, couverte d'un émail blanc d'ivoire épais, craquelé sur une partie de la surface.

Charmant spécimen d'une porcelaine ancienne et rare décrite dans l'*Histoire de la porcelaine* sous le nom de céladon blanc.

Haut. 13 cent.

87 — Petite bouteille de galbe élégant, à goulot légèrement évasé et à pied s'évasant lui-même. Fond bleu du ciel après la pluie, avec un dragon à quatre griffes et des nuages enlevés à la pointe sur le cobalt. En dessous, l'inscription Tching-ouan, précieux objet de curiosité.

Cette charmante pièce est posée sur un pied en bois sculpté, incrusté d'argent.

Haut. 112 millim.

88 -- Petit vase rectangle de plan, et piriforme, avec deux anses en tête d'éléphant sur les côtés.

Magnifique bleu turquoise, truité avec une régularité parfaite.

Ancienne fabrication.

Haut. 127 millim.; grand diam. 70 millim.

89 — Pi-tong ou porte-pinceau imitant la base d'un bambou, avec ses nœuds rapprochés, et un rejeton étalant ses feuilles sur la tige principale.

Beau bleu turquoise.

Très-ancienne fabrication.

Haut. 135 millim.

90 — Petit vase ovoïde à bord renflé, en porcelaine un peu bleuâtre, bordure arabesque bleue; décor à jour, dit à grains de riz, sur le pourtour du vase.

Fabrication japonaise.

Diamètre, 85 millim.

91 — Une coupe libatoire octogone, un peu élargie de plan et à quatre petits pieds. Pâte de blanc de Chine portant en relief des branches de pêcher à fleurs et couverte d'un vernis truité rempli de jaune.

Curieuse et rare fabrication.

Grand diamètre, 85 millim.

92 — Deux petits flacons cylindriques à goulot rétréci; l'un, fond vert jaune émaillé, est orné d'un dragon à cinq griffes gravé dans la pâte, avec la crinière, les épines et les yeux vert foncé : il est entouré de nuages émaillés en blanc; l'autre, fond vert bleu, porte en réserve le même dragon, rehaussé de rouge de fer et entouré de nuages de la même couleur.

Haut. 85 millim.

93 — Gobelet octogone extérieurement en vernis nankin portant des modèles. En dedans, des bouquets de fleurettes et une feuille portant un éventail. En dessous, la marque à la célosie.

Jolie pièce d'une très-fine exécution et du plus beau vernis.

Sa finesse même prouve qu'elle est ancienne.

Diamètre, 75 millim.; haut. 58 millim.

94 — Tasse à anse à bordure intérieure, fond rose, avec mosaïque pavée et réserves à fleurs. A l'extérieur, fond brodé arabesque, à grands rinceaux émaillés, portant des fleurs ornementales. Au milieu, un médaillon arabesque, fond vert pavé, avec réserve centrale circulaire, contenant un bouquet de fleurs émaillées.

Fabrication ancienne.

Haut. 63 millim.

95 — Petite tasse-gobelet campanulée, à fond émaillé jaune, avec double bordure et rinceaux portant des fleurs de nélumbo. Entre les rinceaux, le signe *bonheur*, en caractère tchouan.

Sous la tasse, une inscription de quatre caractères indiquant que la pièce a été fabriquée dans la période Young-tching (1723 à 1735).

96 — Vase cylindrique à pied rétréci et moulures, comme les gobelets. Décor en bleu sous-couverte, composé de médaillons renfermant des arbustes massés en hachures croisées.

Ce genre de travail, fort ancien, est particulièrement estimé en Hollande, à cause de sa rareté.

Haut. 15 cent.

97 — Potiche en fine porcelaine de Chine, bordure émaillée fond jaune strié de noir, avec fleurs roses et vertes. Décor plein, composé de poissons et plantes aquatiques. Aux pendentifs de la bordure, des livres et rouleaux suspendus avec des fleurs.

Ancienne porcelaine.

Genre imité du Japon.

Haut. 18 cent

98 — Potiche fusiforme non couverte, à col aminci ; porcelaine

d'un beau blanc. Décor léger, composé de branches pendantes de pêcher à fleurs et de prunier.

Fabrication chinoise ancienne.

Haut. 20 cent.

99 — Gourde élégante et dont la panse est ouverte jusqu'aux trois quarts, en vernis nankin. Au-dessus, règne une zone de *tsoui* ou craquelé; toute la partie supérieure est blanche et décorée en bleu sous-couverte, de pendentifs arabesques et bordures diverses.

Cette jolie pièce montre avec quelle habileté les Chinois varient sur un même spécimen les couvertes dont ils disposent.

Haut. 18 cent.

100 — Tasse-gobelet avec sa soucoupe en porcelaine à double paroi, dont l'extérieure est réticulée à rosaces et à fond alvéolaire. Décor de la famille rose, à bordure intérieure de bronze, à réseaux d'or; bordure extérieure pailletée, bouquets de pivoines et fleurettes.

Genre chinois aujourd'hui très-rare.

Haut. de la tasse, 80 millim.; diam. de la soucoupe, 135 millim.

101 — Tasse réticulée et soucoupe à jour en porcelaine du Japon. Le réseau, percé à jour, est doré en plein et orné, sur de petites réserves, de fleurs et bouquets. Au fond de la soucoupe et de la tasse, un sujet poly-

chrome à mandarins représente un homme et une femme considérant un jeune enfant armé d'une hallebarde et d'un sceptre, qui paraît poursuivre un chien.

Ce réticulé est encore plus rare que celui de Chine.

Diam. de la tasse, 18 cent.; de la soucoupe, 147 millim.

102 — Tasse octogone percée à jour de quatre médaillons ornementaux et de quatre caractères : Lo, oey, tsing, kao, signifiant : Le bonheur, la dignité, une haute considération. Le reste est richement décoré en bleu sous couverte.

Pièce ancienne, très-curieuse et d'une grande rareté.

Diamètre, 89 millim.

103 — Couvercle en porcelaine réticulée, avec double bordure d'or et médaillons renfermant des fleurs, des oiseaux et des cerfs en émaux polychromes, d'une rare finesse d'exécution.

Diamètre, 11 millim.

104 — Tasse et soucoupe à fond rouge de fer avec rinceaux d'or et fleurs en réserve à cœur bleu rehaussé d'or; médaillons arabesques, en partie verts piquetés de noir, en partie en réserve à fleurs.

Belle fabrication ancienne formant passage à la famille verte.

Diam. de la tasse, 70 millim.; de la soucoupe, 105 millim.

105 — Tasse et soucoupe à fond rouge de fer, imitant le laque, et rehaussé d'arabesques en or; réserves décorées de bouquets d'or chatironnés de rouge.

Ancienne fabrication.

Diam. de la tasse, 73 millim.; de la soucoupe, 118 millim.

106 — Tasse en fine porcelaine, à simple filet intérieur; bordure extérieure losangée encre de Chine, décor de bouquets alternatifs d'or chatironné de noir et d'émail polychrome.

Spécimen rare.

Ancienne fabrication.

Diamètre, 70 millim.

107 — Tasse et soucoupe en fine porcelaine, à bordure rose losangée, avec réserves d'ornements. Au-dessus, des fleurs courant sur réserve. Fond partiel d'or à mosaïque clathrée, délimité par des médaillons arabesques. Au milieu, un paysage avec des personnages se livrant aux jeux secrets.

Ancienne fabrication.

Diam. de la tasse, 70 millim.; de la soucoupe, 11 cent.

108 — Tasse et soucoupe en fine porcelaine à bordure rose losangée, avec réserves portant des fleurs émaillées; fonds partiels, l'un d'or à mosaïque clathrée, l'autre rose, à pavage, séparés par des ornements arabes-

ques. Cinq médaillons réservés, au centre et au pourtour, renferment des fleurs émaillées.

Spécimen d'une richesse exceptionnelle et d'une belle exécution.

Ancienne fabrication.

Diam. de la tasse, 68 millim.; de la soucoupe, 11 cent.

109 — Tasse et soucoupe en porcelaine vitreuse, à bord découpé; décor composé d'une bande d'or, à fleurs et rinceaux, coupée par trois médaillons en forme de feuilles et fruits, portant les choses honorifiques.

Magnifique fabrication ancienne.

Diam. de la tasse, 75 millim.; de la soucoupe, 115 millim.

110 — Tasse et soucoupe en fine porcelaine. Fond émaillé bleu à rinceaux fleuris également émaillés; réserves avec bouquets de pivoines et pavots.

Ancienne fabrication chinoise.

Diam. de la tasse, 86 millim.; de la soucoupe, 11 cent.

111 — Tasse et soucoupe à bordure d'or, pailletée de rouge. Guirlande arabesque d'or chatironné de noir avec rehauts rouges et verts dans le cœur de chaque fleur.

Curieuse pièce d'une décoration rare.

Diam. de la tasse, 55 millim.; de la soucoupe, 115 millim.

112 — Tasse et soucoupe en porcelaine vitreuse, imitant la forme de l'hibiscus; décor composé d'oiseaux fabuleux et de fleurs en émaux vifs et or chatironné de rouge.

Fabrication ancienne.

Diam. de la tasse, 70 millim.; de la soucoupe, 110 millim.

113 — Tasse et soucoupe à six lobes, en belle pâte blanche portant en relief de hoa-che, des rochers et des fleurs sous couverte, bordure bleu ocellée et pivoine de la même couleur, au fond de la tasse.

Fabrication japonaise ancienne.

Diam. de la tasse, 84 millim.; de la soucoupe, 13 millim.

114 — Service composé de six tasses, trois plateaux, un bol couvert, la théière, le pot à crème et la boîte à thé, en fine porcelaine du Japon. Bordures encre de Chine; fond d'or à mosaïque clathrée, avec réserves arabesques encadrées de bleu et d'or, et contenant des bouquets de fleurs finement émaillés. Au centre, une armoirie timbrée d'un casque ayant un glaive pour cimier.

Ecu de gueules avec glaive en pal; à droite, trois roses d'or en pal; à gauche, un demi-aigle de sable à tête et pieds d'or, accolé au glaive.

Magnifique fabrication du dix-septième siècle.

115 — Magnifique bouteille en fin truité feuille de camélia. Bord noir.

Ancienne et rare fabrication.

Haut. 22 cent.

116 — Cornet presque cylindrique, évasé du haut et du bas, avec renflement médian, orné de quatre crêtes saillantes. En impressions dans la pâte, sur le nœud, des pivoines entourées de rinceaux de feuillages. En haut et en bas, des feuilles d'eau. Une belle couverte bleu turquoise ombre ces reliefs et produit sur le vase la teinte la plus harmonieuse.

Cette remarquable pièce, de fabrication ancienne, est sur un pied en bois rouge à moulures.

Haut. 21 cent.

117 — Une paire de potiches hexagones, rentrant par le haut et le bas de la panse, et se rattachant à un pied évasé et à un col droit. Le corps, fond jaune, porte des arbustes fleuris sortant de rochers. Les hanches et l'évasement du pied sont à losanges verts; des squammes violettes, imitant les pétales du nélumbo, rattachent le corps du vase au pied et au col.

Monture en bronze doré.

Curieuses pièces très-anciennes, en porcelaine dite de troisième qualité. Quinzième siècle.

Haut. 22 cent.

118 — Bouteille en porcelaine mince, décorée en bleu et rouge de cuivre, sous couverte, d'une branche de ling-chi.

Le rouge de cuivre a été oxydé à différents degrés pour obtenir des tons variés.

Exemplaire d'une très-curieuse fabrication.

Haut. 215 millim.

119 — Ting ou brûle-parfums, tripode formé de trois têtes d'éléphants dont les trompes servent de pieds, et d'un col légèrement rentrant à six inflexions arabesques, avec moulures.

La panse est décorée d'un fond partiel piqueté avec fleurs, arabesques et franges; des suspensions indiennes s'en échappent.

Le col, fond jaune, porte les signes sacrés.

Pièce antique, de forme exceptionnelle.

Haut. 20 cent.; diam. de l'ouverture, 13 cent.

120 — Une paire de bouteilles carrées de plan, à goulot cylindrique étroit un peu évasé; sur le bas de celui-ci, des feuilles d'eau vertes rehaussées de noir; sur le plat des hanches, arabesques en couleurs diverses; sur les angles, bordures losangées. Chaque face est occupée par un bouquet sortant d'un rocher.

Très-ancienne porcelaine voisine de la troisième qualité.

Haut. 21 cent.; diam. 87 millim.

121 — Une paire de potiches ovoïdes, à pied bas et à goulot droit. Sur les hanches et à la base, fonds rouges avec fleurs et arabesques vertes; des arabesques semblables sur le col. Panse à quatre médaillons alternativement verts et rouges, portant une grosse fleur entourée de ses feuilles.

Jolis spécimens anciens, avec le vieux rouge de fer vif.

Haut. 18 cent.

122 — Pots cylindriques couverts, à reliefs de branches de pêchers à fleurs; magnifique blanc de Chine vitreux.

Pièces rares de dimension et qui ressemblent à de la pâte tendre.

Haut. 16 cent.; diam. 10 cent.

123 — Belle potiche presque cylindrique, à col droit subitement évasé, avec un rebord plat. Fond bleu fouetté avec sujet en réserve; sur ce fond bleu, de riches rinceaux ont été tracés en or. Le sujet représente un empereur accompagné d'un personnage tenant un enfant qui cherche à saisir la pêche dans la main du dieu de la longévité *Cheou-Lao*. Deux autres enfants, un bananier et des rochers complètent la scène.

Les figures ont été décorées en émaux polychromes.

Haut. 46 cent.

124 — Potiche élancée, non couverte, à col moyen un peu évasé, orné d'une moulure en relief. Belle porcelaine décorée en bleu, sous couverte, d'un sujet compliqué, représentant la proclamation d'un édit impérial. (Voir *Histoire de la porcelaine,* p. 204.)

Sous le pied du vase, une inscription à six caractères indique que la porcelaine a été fabriquée pendant la période Tching-hoa (1465 à 1487). Une autre inscription extérieure est ainsi conçue : « Ce vase de Young-tcheou (province de Chan-tong), fait par Long-chin-hong, sous ce règne, dans la sixième circonscription, pour être vendu. Moi, je peux en faire, personne autre n'en fait. »

Cette curieuse légende, expliquée par un lettré chinois, fournit un nouveau nom à la liste des fabricants anciens du Céleste-Empire.

Haut. 46 cent

125 — Vase biforme à panse turbinée et col cylindrique; belle porcelaine bleuâtre à double glaçure; décor de rinceaux et fleurs entièrement exécuté en beau rouge de cuivre sous couverte, de la plus parfaite réussite.

Spécimen d'un rare éclat.

Haut. 34 cent.

126 — Potiche assez ventrue dont la base a été couverte en bleu fouetté, formant dents de loup sur la panse. Le reste, émaillé en jaune sur couverte blanche, a reçu

un décor vert composé de rinceaux à fleurs de pivoine.

Curieux spécimen d'une fabrication d'usage impérial sous les Ming.

Elle est posée sur un pied en bois rouge, et a son couvercle du même bois.

Haut. 27 cent.

127 — Lagène cylindrique, à col étroit surmonté d'un bord incliné. Sur le col, un bambou en noir ; à la base et jusqu'aux hanches du vase, bordure à fond vert et jaune losangé. Corps à fond rouge de fer avec dessins en réserve et quatre médaillons, deux carrés portant le dieu de la longévité et un bouquet; les deux autres en forme de feuilles avec des modèles et un paysage.

Belle fabrication ancienne, avec le vieux rouge particulièrement estimé au dix-huitième siècle.

Haut. 245 millim.

128 — Une paire de potiches élevées, non couvertes, à col très-court et pied à moulures; elles sont ovales de plan, avec de légères dépressions formant quatre lobes. Le fond est à chair de poule, et les médaillons en relief, encadrés de moulures, portent des paysages en bleu sous couverte.

Commencement du dix-huitième siècle.

Haut. 29 cent.

129 — Potiche élancée non couverte, à col rentrant. Bordure à losanges avec dentelles. Fond semé de rinceaux bleus au grand feu, se terminant par des chrysanthèmes décorées d'or; bordures rouges. Le fond est couvert d'un craquelé très-régulier.

Même époque.

Haut. 28 cent.

130 — Vase-rouleau presque entièrement cylindrique, à gorge ouverte et col évasé; décor en bleu sous couverte, composé d'une bordure supérieure de feuilles d'eau et d'un sujet plein représentant un empereur descendu de son char à la porte d'une ville, et interrogeant un pâtre agenouillé devant lui.

Vieille fabrication.

Haut. 46 cent.

131 — Six assiettes à bordure fond vert piqueté couvert de rameaux de pêcher à fleurs; réserves portant des iris. Au milieu, un panier rempli de nélumbos et de pivoines.

Marque au cachet.

N° 99 de la collection de Dresde.

Diamètre, 21 cent.

132 — Assiette d'échantillon en belle porcelaine doublée de rouge d'or. Marly émaillé fond rose à mosaïque pavée, avec réserves portant des fleurs et fruits et

cachets à dragons d'or. Au-dessous, filet jaune rehaussé d'arabesques rouges.

Fond partiel bleu clathré dessinant un médaillon arabesque à six pointes, dans lequel est une femme assise sur son fauteuil et s'occupant de l'éducation de trois jeunes enfants qui tiennent chacun un livre; elle-même est entourée des trésors de l'écriture.

Sujet rare et délicieusement exécuté.

Diamètre, 21 cent.

133 — Assiette d'échantillon à double bordure : l'une, verte losangée; la seconde, rouge de fer rehaussé d'or; marly à mosaïque pavée, encre de Chine, avec quatre réserves ornées de fleurs et fruits polychromes. Sujet plein, encre de Chine et or, représentant deux femmes : l'une, assise sur un rocher ; l'autre, appuyée sur un saule, et un enfant qui joue avec un chien.

Cette assiette fait partie d'un service dont quelques pièces portent la date des Young-Tching. Elle est décrite dans l'*Histoire de la porcelaine.*

Diamètre, 21 cent.

134 — Assiette d'échantillon en magnifique porcelaine doublée en rouge d'or. Décor polychrome émaillé, des plus riches, composé de six bordures, un fond d'or et un médaillon à sujet. La première bordure est d'or; la seconde, formant le fond du marly, est rose à mosaïque pavée avec réserves portant des fleurs et

des cachets blancs à dragons; au-dessous, règne une frise arabesque clathrée, suivie d'une bande jaune ornementée en rouge. Au-dessous de celle-ci, un fond émaillé rouge coupé par des médaillons bleus reçoit des arabesques roses; la dernière bordure est vert d'eau à losanges.

Sur le fond d'or se détachent des arabesques émaillées à fleurs. Dans le médaillon central, en forme de feuille, est une femme dans son intérieur avec deux enfants.

Diamètre, 21 cent.

135 — Magnifique compotier lobé et découpé sur les bords. Il est décoré en plein d'un paysage japonais émaillé, coupé en grande partie par les eaux de la mer. Au premier plan est une habitation somptueuse entourée d'arbres et de rochers. Le platane aux feuilles tricolores s'y fait remarquer. Un escalier conduit dans une crique où se tient une jonque japonaise. Au fond on voit de grandes montagnes coupées par les nuages.

Une bordure d'or à grands rinceaux rehausse cette charmante composition.

Pièce aussi fine de décor que les pièces d'échantillon.

Diamètre, 22 cent.

136 — Magnifique assiette d'échantillon; sur le marly, deux bordures d'or à grecques différentes et une guir-

lande de fleurs émaillées, avec trois réserves renfermant des bouquets en or.

Fond mosaïque pavée à l'encre de Chine; au milieu, une réserve en forme de fruit entourée de fleurs émaillées. Dans la réserve, sur un rocher à la base duquel est une plaque d'or bruni à dessins arabesques, deux faisans argentés finement émaillés.

Ce rare sujet se retrouve dans la collection Sauvageot.

Diamètre, 205 millim.

137 — Compotier en fine porcelaine mandarine. Bordure noire à rinceaux d'or. Fond partiel rouge de fer semé de rinceaux et fleurs ornementales en or et en argent. Au centre, dans un médaillon, un paysage montueux animé par une chasse impériale.

Pièce d'échantillon.

Diamètre, 21 cent.

138 — Plat en belle porcelaine, décorée sur le marly d'un fond émaillé rose à mosaïque pavée, avec réserves de fleurs. Sur la chute, bordure verte losangée avec des réserves analogues. Au milieu, une armoirie timbrée de la couronne de marquis; double écusson : l'un, d'azur au chevron d'argent avec trois roses d'or, et ayant en chef une bande d'or à trois corbeaux de sable; l'autre, d'argent au pal d'azur por-

tant trois étoiles d'or. Ces armoiries ont pour support des loups lampassés de gueules.

Belle fabrication ancienne.

Diamètre, 29 cent.

139 — Compotier en porcelaine artistique à bordure d'or et de rouge de fer. Fond partiel en bleu sous couverte à plusieurs teintes, d'une excessive finesse d'exécution; au centre, dans un médaillon, une femme assise près d'une table et abandonnant sa guitare pour considérer deux grues qui viennent d'entrer dans son appartement.

Curieuse pièce montrant le passage du genre artistique à l'École mandarine.

Diamètre, 21 cent.

140 — Compotier en porcelaine mince, bordure rose losangée à réserves ornées d'or. Décor plein polychrome, représentant un paysage montueux coupé par des eaux et animé par quelques habitations.

Diamètre, 20 cent.

141 — Compotier en porcelaine d'échantillon. Bordure d'or rehaussée de grecques en rouge de fer. Sujet plein, représentant un jeune homme assis près d'un pavillon, et auquel une femme vient remettre une cas-

sette fermée; une jeune fille arrive d'un autre côté portant une tasse de thé.

Ce sujet paraît être tiré du théâtre ou des romans chinois.

Diamètre, 205 millim.

142 — Compotier en fine porcelaine à bordure filigranée d'or, avec réserves portant des paysages et des plantes en rouge d'or.

Au centre, un sujet familier représentant des femmes et des enfants qui semblent regarder un chien.

Très-bel échantillon de porcelaine mandarine.

Diamètre, 21 cent.

143 — Assiette en belle porcelaine de la famille verte. Marly à fond réticulé polychrome avec réserves portant des papillons, des fleurs et des dragons à queue fourchue. Décor plein à sept compartiments. Celui du milieu, circulaire, renferme un chien de Fo jouant avec la boule symbolique. Les six du pourtour contiennent des animaux sacrés, tigres, chiens de Fo, alternant avec des corbeilles de fleurs.

Fabrication ancienne.

Diamètre, 21 cent.

144 — Plateau festonné, à pied bas, entièrement couvert en céladon vert de mer. Sur le disque, un paysage en

bleu avec deux pêcheurs jetant leurs filets. En dessous, une inscription à quatre caractères, indiquant que la pièce a été fabriquée pendant la période Tching-hoa. (1465-1487.)

145 — Assiette en fine porcelaine, à fond bleu fouetté, avec réserve centrale en forme de médaillon arabesque. Sur le marly, bouquets enlevés à la pointe sur le bleu ; au centre, des pivoines et une chrysanthème en rouge de cuivre et bleu.

Dessous, deux tiges de bambous et une inscription à six caractères indiquant que la pièce a été fabriquée pendant la période Tching-hoa de la dynastie des Ming (1465 à 1487).

Diamètre, 205 millim.

146 — Assiette de la famille rose à fond filigrané semé de bouquet en émaux vifs ; deux réserves portent des emblèmes sacrés. Au milieu, un cartouche en forme de rouleau doublé de rose représente la scène d'escalade tirée du drame lyrique intitulé : *Le Pavillon d'Occident.*

Cette pièce est décrite et figurée dans l'*Histoire de la porcelaine.*

Diamètre, 23 cent.

147 — Assiette en porcelaine à mandarins, dont le marly est en doucine. Une bordure à pendentifs, filigranée d'or, occupe, avec quelques bouquets de fleurettes,

l'étendue du marly, qui se termine par un filet denté. Au centre est un empereur dans son char entouré de femmes et suivi de porte-étendards.

Diamètre, 21 cent.

148 — Assiette en porcelaine à mandarins. Bordure pailletée noire sur laquelle s'enlève une guirlande de grosses fleurs polychromes. Au fond, un sujet représentant plusieurs immortels dont l'un, monté sur le chien de Fo, porte dans la main droite une pagode à plusieurs étages.

Diamètre, 225 millim.

149 — Bouteille décorée en bleu sous-couverte de nuages jaspés et comme pointillés, dans lesquels apparaît un dragon dont les griffes varient de nombre à chaque pied. Le corps de l'animal sacré ne se montre que par parties restreintes.

Décor singulier et rare.

Haut. 24 millim.

150 — Vase affectant la forme du dieu Pou-taï ; il est assis les jambes croisées et les mains étendues sur les genoux ; le fond du vase représente sa poitrine ; les bords sont formés des membres et de la draperie.

Bleu turquoise.

Long. 70 millim.; larg. 55 millim.

151 — Deux chimères accroupies ou chiens de Corée, en vieux violet couleur d'aubergine.

Larg. 70 millim.

152 — Cuve semi-oviforme, à bord épais et à filet saillant, coloré en brun. Sujet de figures représentant des personnages sacrés, et un vieillard suivi par un enfant portant un panier de fleurs.

Fabrication distinguée de l'époque de Youngtching (1723).

Diam. 145 millim.; haut. 12 cent.

153 — Ting ou brûle-parfums, tripode plus qu'hémisphérique, portant en relief une grecque et une bande d'ornements de vieux style à têtes de dragons. Anses en arcades reposant sur des oreilles en têtes de dragons. Pieds d'éléphants sortant de têtes de dragons.

Porcelaine bronze ; les anses rougeâtres et les ornements verts comme oxydés.

Cette belle pièce, analogue à celle du Louvre, est sur un pied de bois de fer sculpté.

Diam., d'anse à anse, 20 cent.; haut. 14 cent.

154 — Bol campanulé, en porcelaine mince, décoré de trois dragons à quatre griffes dans des nuages. L'un de ces dragons est vert, l'autre violet de manganèse, et le dernier jaune.

A l'intérieur, une bordure et une rosace.

Le dragon à quatre griffes est l'emblème des princes de second rang.

Ancienne fabrication.

Diamètre, 158 millim.

155 — Théière hémisphérique, à bord rentrant et anse supérieure fixée sur des oreillettes ; goulot incliné et couvercle plat à bouton.

Grès fin truité, ventre de biche, à décor émaillé et or, composé d'une bordure mosaïque pavée et de bouquets de fleurettes.

Jolie fabrication japonaise.

Haut., anse comprise, 14 cent.; diam. 13 cent.

156 — Théières en porcelaine émaillée d'un beau vert. Le corps cylindrique est formé par la réunion d'un faisceau de bambous. Le couvercle porte, en relief, une branche de bambou avec ses feuilles.

Les anses et les becs de ces pièces ont été coupés, et elles ont été montées en brûle-parfums au moyen d'une garniture d'argent ciselé.

Nous ne savons au juste si ces théières doivent être classées dans les porcelaines de troisième qualité, ou rangées parmi les verts appelés fa-la-lou.

Haut. 125 millim.; diam. 90 cent.

157 — Théière presque sphérique portant, en émaux de la famille rose, des branches de pivoines et de pêcher avec des oiseaux variés de couleur.

Diamètre, 8 cent.

158 — Gourde-aspersoir de forme persane élégante; le col, long, élargi à sa base et rentrant sur le premier sphéroïde, est trempé en vernis nankin. La panse et le pied sont couverts en bleu céladonoïde. Cette association est rare.

Haut. 18 cent.

159 — Tasse et soucoupe en craquelé gris décoré, avec les émaux de la famille verte, d'une double bordure, de pins et de grues de longévité.

Spécimen d'une très-rare porcelaine.

Diam. de la tasse, 92 millim.; de la soucoupe, 14 cent.

160 — Tasse et soucoupe en porcelaine vitreuse découpée et à impressions dans la pâte, indiquant une fleur d'hibiscus. Décor émaillé, composé de deux coqs posés sur des rochers au milieu de bouquets de pivoines. Au centre, une fleur de pivoine simple.

Merveilleux spécimen de la porcelaine mince du Japon à décor artistique.

Diam. de la tasse, 90 millim.; de la soucoupe, 135 millim.

161 — Tasse campanulée peu ouverte, et soucoupe en forme d'assiette, porcelaine blanche et mate, décorée d'une ceinture à losanges fond vert. Cette ceinture est coupée, d'un côté, par un groupe de deux femmes japonaises, dont l'une tient des fleurs, et de l'autre par un bouquet de chrysanthèmes. Rosace au milieu de la tasse et de la soucoupe.

Curieux spécimen d'une porcelaine faite par un ouvrier coréen avec les matériaux chinois. Cette pièce est décrite et figurée *Histoire de la porcelaine*, page 73, et planche IV, n° 1.

Diam. de la tasse, 60 millim.; de la soucoupe, 114 millim.

162 — Tasse et soucoupe semblables, mais d'un plus grand volume.

Diam. de la tasse, 85 millim.; de la soucoupe, 150 millim.

163 — Deux tasses, l'une à anse, l'autre sans anse et soucoupe à fond filigrané d'or avec petites réserves décorées, en camaïeu rose et noir, de paysages et oiseaux. Grand médaillon entouré d'arabesques en or bruni. Sujet mandarin, représentant une femme assise sur un tapis, à laquelle un serviteur agenouillé sert le thé; derrière cette femme est une servante portant un talapat ou cache-soleil.

Spécimen de la plus grande finesse et d'une remarquable réussite. L'anse de la tasse est entièrement dorée.

Haut. de la tasse, 59 millim.; diam. de la soucoupe, 113 millim.

164 — Tasses et soucoupes en belles porcelaines à mandarins. Fonds partiels filigranés d'or avec réserves portant des bouquets en camaïeu rose. Médaillon à sujet familier : une femme est assise dans son intérieur, ayant près d'elle son enfant et sa suivante.

Diam. des tasses, 75 millim.; des soucoupes, 115 millim.

165 — Tasse et soucoupe à bords découpés et à lobes peu saillants, dessinant une rosace. Fonds partiels alternativement bleus et verts, à mosaïque clathrée, portant chacun une fleur de bégonia. Lobes encadrés d'or, ornés de bouquets émaillés. Au milieu, le cédrat nain de Fo en or.

Décor rare et ancien.

Diam. de la tasse, 70 millim.; de la soucoupe, 110 millim.

166 — Tasse à anse et soucoupe en belle porcelaine émaillée polychrome. Bordure vert d'eau losangée ; fond partiel, à broderie émaillée des plus fines, avec réserves contenant des fruits et des fleurs. Médaillon principal décoré de faisans posés sur un rocher, et entourés de fleurs de soubacki.

Echantillon remarquable, bien que légèrement avarié.

Haut. de la tasse, 55 millim.; diam. de la soucoupe, 115 millim.

167 — Tasse et soucoupe en porcelaine fine, à décor arabesque émaillé; bordure verte losangée, fond bleu pâle,

à mosaïque clathrée, coupé par des médaillons fond rose pavé, entourés de rinceaux.

Au milieu, une corbeille de fleurs et un plat de fruits odorants.

Décor des plus riches, figuré *Histoire de la porcelaine*, planche VIII, nº 1.

Diam. de la tasse, 75 millim.; de la soucoupe, 115 millim.

168 — Tasse couverte et soucoupe, en très-fine porcelaine, décorées en or chatironné de rouge et de noir, avec quelques émaux partiels bleu et rouge. Sur un rocher bleu se tient l'oiseau de proie du Japon, que semble menacer un tigre placé sous un pin. Autour, des fleurs et des emblèmes.

Porcelaine ancienne.

Haut. de la tasse, 60 millim.; diam. de la soucoupe, 11 millim.

169 — Tasse et soucoupe en porcelaine sans embryon (japonoïde); fond d'or à médaillons remplis de mosaïque clathrée sur couleurs diverses avec fleurs émaillées. Sur le fond d'or, des branches vertes avec chrysanthèmes d'émail blanc.

Médaillon central représentant une femme assise au pied d'un pêcher.

Charmant travail chinois.

Diam. de la tasse, 65 millim.; de la soucoupe, 160 millim.

170 — Tasse et soucoupe en fine porcelaine des Indes. Bordure d'or, composée de raisins. Médaillon découpé en noir et contenant deux oiseaux gros-becs perchés sur un arbre fleuri qui pousse sur un rocher.

Fabrication ancienne.

Diam. de la tasse, 52 millim.; de la soucoupe, 89 millim.

171 — Tasses et soucoupes hexagones, en porcelaine décorée intérieurement d'un paysage japonais, assez grossièrement indiqué. A l'extérieur, laque noir finement incrusté de burgau, or et argent, et représentant aussi un paysage.

Curieuses pièces qui pourraient bien être cochinchinoises.

Diam. des tasses, 79 millim.; des soucoupes, 103 millim.

172 — Tasse et soucoupe en très-belle porcelaine à mandarins. Fond partiel brodé d'émail blanc, avec réserves à fleurs et paysages en camaïeu. Médaillon circonscrit par une bordure d'or rehaussée de noir renfermant des personnages qui fument et prennent le thé dans un paysage.

Commencement du dix-huitième siècle.

Diam. de la tasse, 70 millim.; de la soucoupe, 115 millim.

173 — Tasse et soucoupe en porcelaine vitreuse, décorée en émail bleu, d'une bordure et de bouquets ornemen-

tés, rehaussés d'un chatiron noir, de touches d'or et de rinceaux en fleur d'émail blanc à l'intérieur.

Fabrication ancienne.

Diam. de la tasse, 68 millim.; de la soucoupe, 11 cent.

174 — Soucoupe émaillée en rouge d'or avec quatre réserves, une centrale circulaire, les trois autres arabesques. Chacune porte, en bleu émaillé rehaussé à la pointe, une fleur ou un fruit.

Décor fin et rare.

Diamètre, 107 millim.

La tasse, à cinq réserves imitant les pétales d'une fleur, est décorée dans le même style et porte, au fond, une rosace ornementale émaillée bleue.

Ancienne et rare fabrication.

Diamètre, 75 millim.

175 — Tasse et soucoupe en porcelaine mince, entièrement couvertes d'émail rouge d'or, avec réserve en forme de feuille, renfermant un paysage à l'encre de Chine.

Spécimen ancien.

Diam. de la tasse, 75 millim.; de la soucoupe, 115 millim.

176 — Tasse et soucoupe à fond émaillé rouge d'or; deux réserves en forme de banderole déroulée portent des

paysages ; dans deux autres réserves rondes sont des fleurs, et au centre, un crabe d'or.

Ancienne fabrication.

Diam. de la tasse, 70 millim.; de la soucoupe, 112 millim.

177 — Tasse et soucoupe en fine porcelaine du Japon artistique fond rouge d'or émaillé, à réserves, formant une rosace décorée de bouquets émaillés bleus, rehaussés à la pointe.

Semblable au numéro 174.

Diam. de la tasse, 75 millim.; de la soucoupe, 115 millim.

178 — Tasse et soucoupe en porcelaine découpée en lobes sur les bords. Décor en émail bleu et or, représentant un rocher, des bambous et des fleurs. Deux mantes se tiennent, l'une sur le rocher, l'autre sur une pivoine.

Belle fabrication ancienne.

Diam. de la tasse, 62 millim.; de la soucoupe, 97 millim.

179 — Tasse et soucoupe en belle porcelaine de Chine, sans embryon. Bordure losangée de deux tons et à réserves. Fond filigrané brun, semé de branches de pêcher et de prunier, émaillées en vert, jaune, bleu, rose et blanc, avec quelques fleurs d'or. Au milieu de la soucoupe, une pivoine isolée; une fleur de bégonia dans la tasse.

Décor ancien et peu commun.

Diam. de la tasse, 7 cent.; de la soucoupe, 12 cent.

180 — Tasse et soucoupe à fond noir grand feu émaillé, avec réserves de pin, pivoine et pêcher à fleurs. Ces dessins sont rehaussés d'or et de rouge de fer pâle.

Porcelaine rare et très-ancienne.

Diam. de la tasse, 60 millim.; de la soucoupe, 11 cent.

181 — Tasse-gobelet avec sa soucoupe, en magnifique porcelaine coquille d'œuf. Bordure d'or tressée. Décor uniquement composé d'une broderie d'émail blanc à rinceaux, feuillages et fleurs.

Magnifique spécimen d'un décor rare.

Haut. de la tasse, 73 millim.; diam. de la soucoupe, 145 millim.

182 — Garniture composée d'un vase en forme de gourde à ouverture évasée, et de deux pi-tong rustiques. Le vase, également rustique, est parsemé de ling-tchi, et couvert, ainsi que les deux autres pièces, d'un émail épais, craquelé et flambé de rouge et de brun verdâtre.

Curieuses pièces d'une facture exceptionnelle.

Haut. du vase, 18 millim.; haut. des pi-tong, 10 cent.

183 — Buire de forme persane à panse sphérique côtelée, col long, évasé au sommet et couvert; anse élégante et bec en S. Sur le col, des dragons en bleu sous couverte et des bouquets émaillés; des bouquets de

même genre sur chacune des divisions de la panse. Grecques et arabesques sur le bec.

En dessous, une marque à six caractères indique que la pièce a été fabriquée dans la période Wan-li de la dynastie des Ming (1573 à 1619).

Haut. 195 millim.

184 — Bol avec son plateau en fine porcelaine légèrement lobée et à contour découpé. Fond bleu fouetté avec médaillons en réserve. Dans ces médaillons, groupes agrestes de rochers et fleurs en bleu et rouge de cuivre sous couverte.

Sous le bol et le plateau, des inscriptions à six caractères indiquent que la pièce a été fabriquée dans la période Tching-hoa de la dynastie des Ming (1465 à 1487).

Diam. du bol, 15 cent.; du plateau, 20 cent.

185 — Deux bols vernissés intérieurement en blanc, et richement décorés de bleu sous couverte. Au dehors, un émail vert représentant les flots de la mer est semé de signes honorifiques.

Ces curieuses pièces, très-fines d'exécution, prouvent, par leur couverte blanche à dessins bleus, que la substance intérieure est, non pas un grès, mais une porcelaine.

Diamètre, 124 millim.

186 — Bol à fond émaillé jaune, décoré de dragons à cinq griffes, dans les nuages. Les dragons sont verts rehaussés de noir, et les nuages variés de blanc, rose et bleu.

Le dessous du pied a été usé pour enlever probablement une marque.

Diamètre, 102 millim.

187 — Flacon de ceinture, ovoïde aplati et figuratif. Il est composé de deux poissons séparés par des flots. Céladon bleu; l'émail ombrant remplit les impressions de la pâte.

Haut. 75 millim.

188 — Une petite bouteille à col long, en porcelaine à vernis très-épais, décorée de trois animaux fantastiques en rouge de cuivre sous couverte.

Ce genre ancien est devenu très-rare.

Haut. 15 cent.

189 — Tasse-gobelet de la famille verte, décorée en rouge de fer, or et brun, d'une branche de pêcher sur laquelle se tient un passereau. Plus loin, une inscription littéraire de vingt caractères.

Vieille fabrication chinoise.

Haut. 95 millim.

190 — Pot cylindrique à parfums, à trois petits pieds; décor composé d'un paysage avec une femme, et d'une inscription de quatre lignes. Couvercle en bois d'aigle.

Étui en étoffe de soie brochée en couleur et or.

Joli spécimen ancien.

Haut. 60 millim.

191 — Petit pot couvert à panse sphéroïdale, et col droit avec anse. Décor polychrome composé d'une bordure à la base du col et de bouquets de fleurs sur le reste.

Monture en argent reliant le couvercle plat à l'anse.

Vieille fabrication de la famille verte.

Haut. 10 cent.

192 — Potiche non couverte, presque cylindrique, à col court largement ouvert, pied et bord noirs ; vernis céladon vert de mer, craquelé et décoré d'un sujet représentant des dieux en voyage. Les chairs sont indiquées en rouge de fer, les costumes sont émaillés et chatironnés de noir.

Rare et curieux spécimen très-ancien.

Haut. 36 millim.

193 — Bouteille turbinée à goulot court et très-étroit, aplatie latéralement, portant en relief l'oiseau de proie im-

périal du Japon, posé sur un rocher ; au-dessus est un nuage.

Couverte au grand feu brun couleur bronze ; l'oiseau est entièrement teinté de bleu, et le rocher est rehaussé de touches de rouge de cuivre.

Pièce remarquable autant par sa forme que par son décor.

Haut. 27 millim.

194 — Potiche élevée, à col étroit et court, en porcelaine à pâte brune, couverte d'un céladon Yao-pien, d'une teinte exceptionnelle pourpre foncée à jaspures bleues.

Spécimen rare.

195 — Potiche ovoïde, à col court rentrant, avec des anses à peine saillantes. Fond émaillé vert d'eau, couvert d'un jaspé rouge assez lâche, posé par insufflation et fondu à la moufle.

Nuance très-rare.

Haut. 24 cent.

196 — Potiche élégante, non couverte, un peu rétrécie par le haut et à col court évasé ; bord noir. Le corps du vase est trempé dans un céladon bleu épais et éclatant, dit *bleu fleuri*. Sur la panse s'épanouit un bouquet de chrysanthèmes en rouge de cuivre sous céladon grisâtre.

Haut. cent.

197 — Belle bouteille à panse sphérique côtelée, col droit et pied évasé.

Elle est décorée de bordures, de palmes en quinconce sur le col, et de fleurs et palmettes sur les côtes. Fond rouge de fer ajouté.

Curieux et rare spécimen ancien, de fabrication persane.

Haut. 305 millim.

198 — Potiche légèrement conoïde, à col subitement rétréci, un peu évasé à son ouverture et non couvert. Sujet polychrome représentant une femme qui fume à la porte d'une ville, et ayant devant elle un Tartare, le sabre à la main, qui parle à une impératrice assise sur un rocher, près de son cheval.

Ancienne fabrication rose chinoise.

Haut. 43 millim.

199 — Vase très-élancé en navette, avec pied arrondi en moulure. Sujet hiératique représentant Cheou-lao, le dieu de la longévité, ayant près de lui un empereur ; un personnage lui présente un enfant qui paraît vouloir prendre la pêche de la longévité. Derrière le sujet, un pin.

Vase d'une forme rare, portant un sujet non moins rare.

Les scènes sacrées sont moins fréquentes dans la famille rose que dans la famille verte.

Haut. du vase, 45 cent.

200 — Vase semblable de forme au précédent. Décor de famille rose, représentant un vieillard qui fait entrer un homme dans une gourde jaune. Un jeune suivant assiste avec surprise à cette scène.

Sujet hiératique de l'école Tao-sse, décrit dans l'*Histoire de la porcelaine*, page 214.

Haut. 45 cent.

201 — Deux grands compotiers à bordure verte piquetée de noir, portant des bouquets de fleurs; réserves occupées par des papillons. Au fond, de grands paniers remplis de fleurs diverses exécutées avec tous les émaux de la famille verte et un or très-solide.

Ces deux pièces, de la plus grande beauté, sont du quinzième siècle.

Diamètre, 35 cent.

202 — Compotier festonné; sur le pourtour, un grand cartouche avec la demi-chrysanthème ornementale; le reste divisé en compartimens blancs et bleus portant des chrysanthèmes en or et rouge à feuilles vertes.

Au centre, un vase de fleurs en bleu, rouge, or et vert.

Pièce ancienne.

Diamètre, 24 cent.

203 — Plats en belle porcelaine de Chine. Marly fond d'or à rinceaux en réserves avec fleurs rouges et feuil-

lages verts; au milieu du marly, une armoirie européenne peu lisible, paraissant avoir un chef d'or à trois annelets, et à la base, un émanché de sinople. Au fond, médaillon et rinceaux en bleu sous-couverte, avec rehauts de rouge de fer et d'or. Marque à la célosie.

Ancienne fabrication.

Diamètre, 395 millim.

204 — Deux grands plats à bordure losangée rouge avec quatre grandes réserves ornées de fleurs; sur le fond, un motif principal composé de fleurs émaillées et d'une grande hépatique en brun métallique rehaussé d'or.

Fabrication ancienne.

Diamètre, 38 cent.

205 — Grand compotier à bordure composée de rinceaux fleuris. Six réserves contiennent de légers bouquets. Au centre, grande corbeille garnie de fleurs, chrysanthèmes, pivoines, etc.

Diamètre, 36 cent.

206 — Deux plateaux convolvulacés, bordure riche en rouge et or, à cinq réserves entourées de bleu où figurent des poissons, des crustacés et des mollusques. Au centre, un médaillon entouré d'arabesques bleues

avec une carpe de même couleur sortant des flots, indiqués en couleur.

Autour, sur des rochers, trois chiens de Fo jouant avec la boule. et trois chevaux marins courant sur les vagues.

En dessous, la marque à la hache sacrée.

Magnifiques pièces en belle porcelaine finement décorée.

Diamètre, 275 millim.

207 — Plat à bordure émaillée, jaune, avec rehauts noirs; il s'en échappe quatre cartouches bleus donnant naissance à des bouquets de fleurs. Au centre, un cadre octogone autour duquel serpentent des plantes, et à l'intérieur, des modèles émaillés.

Ancienne famille rose.

Diamètre, 275 millim.

208 — Grand plat octogone, fond bleu grand feu avec réserves et rinceaux d'or portant des fleurs en rouge, or et couleur carnée. Deux réserves arabesques portent des vases de fleurs et ornements; les deux grands médaillons quadrilobés contiennent, l'un, des grues avec le pin et le bambou; l'autre, un chien de Fo, parmi des pivoines. Au centre, dans un médaillon encadré de rouge et de bleu avec rehauts d'or, le pin et le pêcher à fleurs.

Magnifique pièce chrysanthémo-pæonienne riche du Japon.

Diamètre, 48 cent.

209 — Compotier à bordure et médaillon central en bleu sous-couverte rehaussé d'or. Fond losangé rouge de fer, portant trois médaillons en rouge de fer vif, avec fleurs en réserve, et trois ornements en vert et manganèse.

En dessous, une inscription votive de quatre caractères : la *Richesse*, les *Dignités*, un *Printemps éternel.*

Ancienne fabrication.

Diamètre, 18 cent.

210 — Six assiettes en fine porcelaine à bordure ornementale d'or; sur la chute, fond d'or à fleurons de rouge de fer et réserves avec emblèmes. Au fond, une bordure denticulée, et au milieu, une armoirie timbrée d'un casque à lambrequins surmonté d'un oiseau éployé. Sur le marly, le même oiseau, deux bouquets et une ville, deux perles et deux mains de Fo.

L'un des écus, d'azur à la croix de Saint-André d'or, cantonnée de quatre tours, porte une ancre de sable sur le milieu de la croix. Le second est d'argent, aux trois renards de sable, au chef d'azur avec trois merlettes d'argent.

Belle fabrication ancienne.

Diamètre, 22 cent.

211 — Assiette portant, au bord du marly, une bordure imitée du collier du Saint-Esprit; plus bas, des emblèmes

honorifiques; sur la chute du marly, une fine bordure arabesque en or chatironné de rouge, avec quatre réserves au chiffre royal couronné et orné de branches de laurier.

Au centre, l'écu de France couronné, entouré des colliers des ordres de Saint-Michel et du Saint-Esprit.

Curieuse pièce ancienne à dessin d'Europe et probablement à l'usage de Louis XIV. Elle est décrite dans l'*Histoire de la porcelaine*, page 388. Elle sort de la même fabrique que les pièces précédentes.

Diamètre, 224 millim.

212 — Grand compotier représentant des emblèmes de bon augure. Sur un sol semé de plantes et hérissé de rochers paraissent le cerf et la grue de longévité; plus loin est un chat qui regarde un perroquet suspendu aux branches d'un pêcher à fleurs. Un vase orné, à fond jaune, porte une orchidée; en face, le pin et le pêcher sortent de derrière une haie. Des ling-tchy, des vanilles et des bananiers enrichissent le sol.

Marque au Kouei.

Ancienne pièce de la famille verte.

Diamètre, 385 millim.

213 — Ecran en porcelaine avec encadrement en relief plat se rattachant à la plaque médiane par une moulure. Le cadre émaillé bleu avec mosaïque noire; la mou-

lure portant des ornements en rouge de fer au trait. Sur le milieu, un sujet représentant Cheou-lao et deux autres immortels, Fo et Lo, dans un paysage.

Au revers, un paysage au trait à l'encre de Chine.

Support en bois noir.

Epoque de Yung-tching.

Diam. 215 millim.; haut. 155 millim.

214 — Pi-tong figuratifs en porcelaine opaque et très-chargée de fondant. Ils représentent des troncs d'arbre servant de support à une vigne sur laquelle se joue un écureuil. Les seules couleurs décorantes sont le bleu sous-couverte, et un brun marron. Les écureuils et les feuilles de vigne sont en haut relief.

Curieux spécimens décrits dans l'*Histoire de la porcelaine,* page 57. Ils sont d'une date très-ancienne.

Haut. 25 cent.

215 — Statue de Cheou-lao, dieu de la longévité, en porcelaine de troisième qualité, vernissée en couleur. La tête et les mains sont en biscuit; l'expression du visage est parfaite; le vêtement de dessus, de couleur jaune, est orné de groupes de pêches, et du signe longévité sous différentes formes tchouan; la robe de dessous, à fond piqueté, est à fleurs et à rinceaux.

Cette pièce, que l'on peut attribuer à la période

Siouan-te (1426-1435), est l'une des plus remarquables du genre; elle est citée dans l'*Histoire de la porcelaine*, page 75.

Haut. 49 cent.

216 — Une paire de vases couverts en forme d'urne ovoïde, à pied évasé, avec des anses formées par des dragons à queue fourchue. Sur le couvercle, le chien de Fo. Bordure à fond mosaïque varié, avec réserves portant des oiseaux et des paysages. Fond rouge rehaussé d'or seulement, médaillons à sujets de mandarins, très-nombreux en figures. Pieds à faux godrons rouges et à dents vertes.

Commencement des Tai-thsing.

Haut. 26 cent.

217 — Figurine de personnage assis; il est coiffé d'un bonnet de cuir à diadème; sa moustache et ses favoris tombent sur sa poitrine. Son vêtement est composé d'une robe à longues manches, par-dessus laquelle pend une sorte de jupe retenue par une ceinture. Toutes deux sont vertes. La première, à rinceaux et fleurs; la seconde, ornée de nuages.

C'est la représentation de Hou-houan, le dieu de la pluie et du beau temps.

Ce joli spécimen, très-fin d'exécution, est probablement de la même époque que le Cheou-lao, n° 215.

Haut. 225 millim.

218 — Deux figurines de Pou-taï, le dieu du contentement; il est assis, la poitrine et l'abdomen découverts, et tient dans la main gauche une boule.

Beau blanc de Chine ancien.

Haut. 85 millim.

219 — Deux plateaux en forme d'aubergine, dont la tige et les vrilles forment le pied et l'anse. Couverte trempée en bleu. A l'intérieur, sous la couverte, cette inscription, tracée en bleu : *Au clair de lune, au milieu de la forêt, la belle femme est venue.*

Fabrication japonaise peu ancienne, mais intéressante.

Long. 16 cent.; larg. 11 cent.

220 — Assiette en porcelaine épaisse chrysanthémo-pæonienne du Japon; marly fond carné à réseau avec quatre médaillons arabesques entourés d'ornements bleus et contenant des oiseaux aquatiques, et quatre autres petites réserves occupées par des femmes japonaises. Sur la chute du marly, une guirlande de fleurs et arabesques; et, au centre, deux femmes japonaises, l'une dame de haut rang, l'autre, suivante abritant sa maîtresse sous un parasol.

Devant elles se tiennent trois oiseaux : une spatule, un cormoran et un combattant.

Curieux spécimen formant passage entre la porcelaine chrysanthémo-pæonienne et le genre impérial.

Diamètre, 265 millim.

221 — Coupe campanulée basse et très-ouverte, à bord brun, intérieur en céladon vert craquelé; extérieur en fin craquelé brun.

Cette pièce est sur un pied en bois sculpté à jour, imitant le jonc tressé.

Fabrication des plus anciennes.

Diamètre, 19 cent.

222 — Coupe couverte, très-basse, à contour arabesque, décoré d'un fond filigrané, portant des fleurs et des fong-hoang en rouge de fer et or. Sur le couvercle, avec les mêmes tons rouges et l'or, une bordure et une arabesque à fleur centrale. Doublure d'émail vert.

Époque Kien-loung.

Diamètre, 20 cent.

223 — Coupe à deux anses élevées et tordues, et à trois pieds en mamelons, couverte en magnifique vieux violet couleur de la pierre Meï.

Spécimen ancien et des plus rares.

Diam. 215 millim.; haut. 155 millim.

224 — Coupe subsphérique à pied, en belle porcelaine de Perse, ornée de triples bordures et de deux grandes postes se rattachant à des fleurs; le tout en bleu travaillé à la pointe sur le cru.

Cette coupe, qui s'ouvre par le milieu, a été percée de trous et montée en brûle-parfums, avec gorge, pied et bouton en bronze doré.

Magnifique exemplaire, rare de forme et de style.

D amètre, 19 cent.

225 — Pot à fleur en forme de grenouille, ayant une ouverture étoilée sur le dos. Tout le dessus du corps émaillé vert avec pustules d'émail blanc; les yeux sont blancs à iris brun, les narines et deux points au-dessus des yeux sont en émail jaune; le dessous du cou est en couverte blanche.

Beau spécimen d'une couleur assez rare.

Long. 28 cent.

226 — Boîte rectangulaire en hoang-lou-ouan, à couvercle vert, glissant à charnière. A l'intérieur on voit, sous un portique, un jeune homme et une jeune fille; au-dessus est une chambre à coucher avec son mobilier complet.

Ancienne fabrication.

Long. 12 cent.; larg. 75 millim.; haut. 55 millim

227 — Petite boîte rectangulaire à couvercle plat et à division intérieure. Décor fond rouge de fer pailleté sur biscuit, et bouquets émaillés de la famille rose.

Fabrication ancienne et rare.

Long. 107 millim.; larg. 70 mill.; haut. 54 millim.

228 — Plâteau à bord relevé, en porcelaine brune antique, recouverte d'un céladon gris pourpré craquelé.

Curieux et rare spécimen d'un céladon tout exceptionnel.

Diamètre, 17 cent.

229 — Coupe très-basse, à trois pieds mamelonnés, en céladon fleuri craquelé; sur le contour, un losangé à nuage gravé dans la pâte et rempli par la couverte.

Charmante pièce, rare de forme, et d'époque ancienne.

Diam. 18 cent.; haut. 75 millim.

230 — Bol octogone à bord découpé et doré; les faces, alternativement blanches et bleues, portent des bouquets en bleu, rouge et or.

Genre ancien et assez rare.

Diamètre, 143 millim.

231 — Théière sphéroïdale aplatie, à petites oreilles percées recevant une anse en vannerie, bec droit, couvercle creux avec un fleuron au centre.

Grès fin couvert en céladon truité du Japon.

Diamètre, 15 cent.

232 — Coupe campanulée à pied obconvolvulacé; celui-ci à godrons en spirale; la vasque avec médaillons et

dentelures en relief. Décor arabesque en rouge-brun rehaussé de noir, rappelant les pendentifs et rinceaux chinois. Au fond de la coupe, un médaillon à personnages portant, dans une réserve, des caractères chinois d'une lecture difficile.

Cette pièce, fort ancienne, paraît avoir été fabriquée dans un des pays voisins de la Chine, peut-être la Cochinchine? Elle est des plus curieuses.

Haut. 10 cent.; diam. 15 cent.

233 — Bol campanulé, assez élevé et très-élégant de forme, en céladon vert pâle, décoré de nuages et grosses pivoines, gaufrés dans la pâte et rehaussés par l'émail ombrant.

Très-ancienne fabrication.

Diam. 19 cent.; haut. 10 cent.

234 — Présentoir émaillé jaune, avec quatre médaillons en réserve, occupés par des caractères tchouan. Sur le fond, des fleurs roses avec arabesques en couleurs variées. Cachet rouge. En dedans, un caractère tchouan entouré de cinq chauves-souris en rouge de fer.

Les caractères veulent dire dix mille bonheurs.

Diamètre, 20 cent.

235 — Groupe représentant l'oiseau de proie impérial du Japon, les ailes à demi éployées et posé sur un ro-

cher garni de souches d'arbres. L'ensemble est teint d'un magnifique rouge de cuivre haricot, nuancé de quelques légères veinules bleues.

Ce groupe, d'une rare élégance, est sans analogue et des plus intéressants.

Haut. 39 cent.

236 — Grand vase lagène à panse élargie et carénée; col évasé à bord droit. Sur le milieu du col et à la carène, bordures à losanges ornés, de style famille verte.

Fond légèrement céladoné et à grandes craquelures, portant trois zones de sujets; en haut et en bas, sont des scènes civiles ou historiques; au milieu, on voit les immortels dans des nuages.

Commencement du dix-huitième siècle.

Haut. 49 cent.

237 — Magnifique vasque en porcelaine chrysanthémo-pæonienne riche. Dans des médaillons fond d'or, circonscrits par des bandes variées s'échappant d'un nœud, sont des chiens de Fo, en noir grand feu, maculés de blanc, s'élançant parmi des bouquets de pivoines; sur le reste, des rinceaux en bleu sous couverte sont relevés de fleurs rouge et or, et, en bas, dans des réserves, saillissent des rinceaux rouges entourant des pivoines.

Vieux spécimen de fabrication japonaise.

Diam. 29 cent.; haut. 22 cent.

238 — Magnifique bol en grès fin du Japon, à bord évasé et quadrilobé; l'extérieur est en beau laque noir, semé de parcelles de burgau et portant des fleurs en nacre gravée au burin; le bord intérieur est laqué d'or uni, et toute la vasque est en craquelé gris fin et très-égal.

Ce curieux spécimen d'une fabrication ancienne rappelle le travail des plus beaux fourreaux de sabre japonais.

Diamètre, 18 cent.

239 — Théières en forme de carpes sortant des flots; l'anse et le bec sont formés de branches vertes; les flots ont la même couleur; le poisson est d'un blanc grisâtre, avec les nageoires et des taches en violet de manganèse.

Ces pièces, fort anciennes, en porcelaine de troisième qualité, établissant un passage entre cette espèce et le hoang-lou-ouan.

Diamètre, 13 cent.

240 — Plat dont le marly, à fond mosaïque encre de Chine, porte des réserves à bouquets finement émaillés; à droite, un rocher lavé de teintes douces, sur lequel se tient un fong-hoang émaillé et très-fin, entouré de fleurs; un papillon repose sur l'une d'elles; dans le bas, le champignon de longévité.

Cette pièce de porcelaine ancienne est, malgré sa dimension, d'une exécution délicate et d'une harmonie tout exceptionnelle.

Diamètre, 29 cent.

241 — Coupe couverte à deux anses découpées à jour, et couvercle hémisphérique aplati surmonté d'un petit bouton cylindrique; beau fond bleu fouetté, à quatre réserves sur la coupe et quatre sur le couvercle, occupées par des paysages et des branches de fleurs portant des oiseaux, en émaux de la famille verte.

Fabrication ancienne.

Diam. 135 millim.; haut. 10 cent.

242 — Tasse et soucoupe en fine porcelaine du Japon; bordure arabesque en or et argent; fond partiel brodé polychrome excessivement fin, avec quatre réserves encadrées d'arabesques et contenant des fleurs émaillées. Au centre de la soucoupe et au pied de la tasse, un médaillon arabesque à mosaïque pavée d'encre de Chine; au milieu de la soucoupe et au fond de la tasse, des fleurs émaillées croissant sur un rocher.

Jolie pièce ancienne.

Diam. de la soucoupe, 115 millim.; de la tasse, 70 cent.

243 — Deux potiches en porcelaine mince à fond filigrané d'or vers l'ouverture; toute la surface est occupée par un sujet à mandarins. Un homme travaille dans son intérieur, tandis que dans un jardin deux femmes s'occupent d'enfants, dont l'un joue avec un chien.

Haut. 27 cent.

244 — Compotier de la famille verte à bordure losangée; au fond, une frise ornée de bouquets de nélumbo et de carpes. Le médaillon central renferme un sujet de deux femmes dans un jardin; le tout est exécuté en beau rouge de fer, et émaux vert et jaune.

Au revers, une frise de pivoines; et en dessous, une inscription à six caractères indiquant que la pièce a été fabriquée pendant la période Kia-thsing de la dynastie des Ming (1522 à 1566).

Diamètre, 22 cent.

245 — Vase en forme de bouteille ovoïde aplatie, à deux anses soutenant des anneaux mobiles; décoration archaïque en relief.

Le tout est couvert d'un émail vert d'eau du ton le plus frais.

Ancienne fabrication très-curieuse.

Haut. 17 cent.

246 — Flacon à tabac, en amande, à goulot étroit; fond vert chair de poule, très-finement granulé; médaillons en relief blancs renfermant, l'un, la figure d'un vieillard en robe émaillée rose; l'autre, une inscription de dix caractères tirée du quatrain de Kie-tao : *Seulement, au milieu de cette montagne, le brouillard est épais. Je ne sais pas où.* (Voir l'*Histoire de la porcelaine*, page 193.)

Haut. 6 cent.

247 — Coupe lobée et dentée en belle porcelaine archaïque, portant au centre trois feuilles de platane en bleu, et au revers une inscription dynastique indiquant que la pièce a été fabriquée pendant la période Tching-hoa de la grande dynastie des Ming.

Diamètre, 132 millim.

248 — Gourde en porcelaine mince entièrement émaillée de bleu de cobalt pur et intense.

Rare et magnifique spécimen.

Époque de Young-Tching.

Haut. 18 cent.

249 — Buire japonaise pour contenir le saki; elle est en forme de bouteille, avec une anse et un bec en S. Le décor chrysanthémo-pæonien est moitié en relief et moitié peint; il se compose de bouquets de pivoines et de chrysanthèmes.

Ancienne fabrication.

Haut. 24 cent.

250 — Cafetière en porcelaine mince et très-légère entièrement couverte en vert de cuivre vif; sa forme est conique; l'anse et le bec figurent des tiges de bambou; dans deux médaillons latéraux, on voit, en relief, des scènes de la vie d'un philosophe.

Fabrication curieuse et ancienne et d'une légèreté extraordinaire.

Haut. 11 cent.

251 — Bol surbaissé à reliefs imitant la forme d'une fleur d'hibiscus; l'intérieur est émaillé en blanc et l'extérieur est décoré d'un soufflé rouge parfaitement réussi.

Magnifique pièce, d'un volume rare et de date ancienne.

Diamètre, 18 cent.

252 — Bol lobé et denté imitant la forme de la chrysanthème; à l'intérieur, un beau décor chrysanthémo-pæonien riche, avec des chrysanthèmes en relief, des médaillons à bouquets et des compartiments à losanges, fleurs et rinceaux, sur fonds variés.

Au dehors, des rinceaux bleus.

Sous le pied, l'inscription : *Fou, kouei, tchang, tchun :* la richesse, les dignités, un printemps éternel.

Ancienne fabrication.

Diamètre, 20 cent.

253 — Chimères avec leurs petits, servant de support pour brûler les bâtons odorants. Elles sont en beau bleu turquoise et reposent sur des socles émaillés en vieux violet très-riche de ton.

Remarquables spécimens anciens et rares.

Haut. 195 millim.

254 — Compotier en belle porcelaine, décoré à l'intérieur

d'un bouquet émaillé de pivoines, chrysanthèmes, vanilles, etc.

En dessous, une inscription indiquant que la pièce a été fabriquée pendant la période Tching-hoa (1465 à 1487).

Diamètre, 225 millim.

255 — Coupes en porcelaine à bord brun, décorées en beau bleu d'une branche de Paullownia imperialis. En dessous, une inscription à six caractères indiquant que la pièce a été fabriquée pendant la période Khien-long de la dynastie des Taï-Thsing (1736-1795.)

Diamètre, 117 millim.

256 — Pot à crème, à col cylindrique et à anse; couvercle bombé surmonté du chien de Fo. La pièce est couverte d'un bel émail nankin et décorée de sujets agrestes, rochers, plantes, fleurs, insectes, en émaux de la famille verte.

Ancienne fabrication.

Haut. 16 cent.

257 — Potiche élancée non couverte, en belle porcelaine de Chine décorée en bleu sous couverte. La panse est divisée en trois rangs superposés de médaillons de relief. Ceux du haut et du bas renferment des immortels; la région centrale représente des scènes de la vie d'un philosophe.

En dessous est une inscription à six caractères :

Ting chitching khi yu pao. Ting de rare et extraordinaire pierre précieuse.

Fabrication ancienne et remarquable.

Haut. 40 cent.

258 — Bol en fine porcelaine chinoise, entièrement couverte en vernis nankin. En dessous, une inscription à six caractères indique que la pièce a été fabriquée pendant la période Khang-hy de la dynastie des Taï-Thsing (1662-1722).

Jolie pièce de service impérial.

Diamètre, 15 cent.

259 — Compotiers en belle porcelaine chrysanthémo-pæonienne, à riche bordure bleue, avec deux médaillons rouges et deux verts; au fond, les divers emblèmes de la longévité.

Le revers est décoré en bleu de papillons et de fleurs ornementales. Une inscription à six caractères indique que la pièce a été fabriquée pendant la période Tching-hoa de la dynastie des Ming.

Diamètre, 20 cent.

260 — Un compotier et six assiettes en belle porcelaine de la famille verte. Le compotier est godronné et découpé sur les bords. Une première bordure est composée de médaillons en forme de monnaies; au-

dessous règne une bordure plus large, avec emblèmes sacrés et honorifiques; au centre, dans une réserve arabesque, un enfant danse devant un pavillon.

Le compotier est marqué au lapin; les autres pièces au nélumbo.

Ancienne fabrication.

Diamètres, 245 millim. et 23 cent.

261 — Boîtes à thé doiiformes côtelées sur la panse, avec quatre médaillons unis. Décor en bleu sous couverte formé, au pourtour supérieur et inférieur, d'emblèmes sacrés et honorifiques, et, sur les médaillons, d'élégantes rosaces de style persan.

En dessous, une inscription à six caractères indique la période Tching-hoa (1465-1487).

262 — Ting ou brûle-parfums à trois pieds et anses découpées, formées par les branches du pin emblématique. Magnifique porcelaine ancienne, teinte de bleu turquoise et d'un violet pourpre velouté.

Spécimen remarquable et d'une beauté exceptionnelle.

Diam. 125 millim.; haut. 14 cent.

263 — Figurine accroupie du dieu du contentement, Pou-Taï. Son torse est découvert, une draperie verte

couvre ses bras et ses jambes. Il tient une tablette et a devant lui une sandale.

Très-ancienne fabrication.

Haut. 15 cent.

264 — Deux boîtes à thé en belle porcelaine de Chine; bordure à losanges; la panse est divisée en quatre compartiments occupés par des bouquets de fleurs de la famille verte.

Très-ancienne fabrication.

Haut. 19 cent.

265 — Bol couvert avec son grand plateau, en belle porcelaine décorée en bleu sous couverte et en émaux de la famille verte, d'animaux de bon augure et de plantes de longévité.

Porcelaine ancienne.

Diam. du bol, 15 cent.; du support, 23 cent.

266 — Bol en très-fine porcelaine archaïque, à bord brun; décor extérieur à la haie, avec le pêcher et un oiseau fantastique; plus loin, une femme japonaise assise, tenant un chien. A l'intérieur, une bordure avec insignes impériaux. Au fond, une table supportant l'écritoire et le pinceau vermillon; plus bas, le Kiri-mon.

En dessous, une inscription de cinq caractères

indiquant que la pièce a été fabriquée pendant la période Sin-tcheou du cycle.

Une seule pièce, portant la même inscription cyclique, figure au musée céramique de la manufacture impériale de Sèvres.

Diamètre, 145 millim.

267 — Plateaux dont le pourtour, en mosaïques diverses de rouge de fer, renferme des médaillons à fleurs de pissenlit, et d'autres à ornements. Au centre, des feuilles bleues rehaussées d'or formant rosace.

Dessous est une inscription à six caractères indiquant la période Tching-hoa (1465 à 1487).

Diamètre, 185 millim.

268 — Pièce de suspension entièrement émaillée; elle représente le fruit du nélumbo accolé de plusieurs autres graines, telles que l'arachide, la châtaigne d'eau, la gousse d'acacia, etc.; ses graines, mobiles dans leurs alvéoles, sont mûres et brunâtres, se détachant ainsi du récipient, encore d'un beau vert.

Pièce imitative très-intéressante.

269 — Émail. Théière persane sans anse et à bec, posée sur son fourneau à jour. Le vase, de forme sphéroïdale à col large et évasé, est en argent doré; une bordure à rinceaux verts court autour du col et du pied; entre

ces deux bordures, des couronnes de fleurettes et feuillages entourent de grosses fleurs d'iris et de pensée. Tout ce travail est en gravure et rempli d'émaux translucides bleus et verts.

Une décoration analogue orne le col et le bec de la théière, et le fourneau est entouré d'un rinceau d'iris du plus beau style.

Spécimen d'un travail rare et curieux.

Haut. totale, 165 millim.; diam. de la théière, 10 cent.

270 — Émail cloisonné. Théière sphéroïdale à couvercle en dôme, émail fond bleu, cloisonné en imitation de craquelure, et semé de fleurs de pêcher en blanc, bleu turquoise, rouge, rose, etc. L'anse est en bronze doré, et le bec, également doré, représente une tête de dragon.

Beau travail ancien et d'une forme rare.

Haut. 11 cent.

271 — Laques. Deux plateaux hexagones à lobes imitant la fleur d'hibiscus. Chaque compartimeut est finement incrusté de dessins microscopiques en burgau de couleurs variées, et dont les piqués de la Perse peuvent seuls imiter la délicatesse. Le dessous, en laque noir uni, porte une simple bordure et une inscription en caractères tchouan.

Diamètre, 113 cent.

272 — Cuivre blanc. Cantine japonaise carrée de plan et à trois compartiments superposés avec couvercle plat. Elle est en cuivre blanc ou toutenague finement gravé d'un fond à bâtons rompus, portant des bouquets de fleurs, pivoines, fleurs de pêcher, chrysanthèmes, etc.; le tout travaillé au burin.

Cette belle pièce est posée sur un pied en bois de fer finement sculpté à jour.

Haut. de la boîte, 110 millim.; diam. 105 millim.; haut. du pied, 10 cent.

273 — Bronze. Tasse à deux anses en bronze repoussé, finement ciselé et damasquiné d'or. Les anses ont pour motif principal une tête d'animal chimérique. Sur le pourtour, dont le fond est granulé, courent des rinceaux de chrysanthèmes ornementales en or, au-dessus desquelles volent des papillons; sous le fond de la tasse, deux autres chrysanthèmes d'or.

Ce curieux travail, d'une perfection rare, paraît devoir être attribué à l'époque de Siouan-te (1426-1435).

Diam. de la tasse, 9 cent.; larg. avec les anses, 125 millim.

274 — Bronze. Vase élevé, carré de plan, à pied et ouverture cylindriques, avec deux anses latérales formées de têtes de dragons. Ce bronze, coloré par une patine brune, est semé partout d'une poussière d'or et de larges macules du même métal, qui paraît s'être mêlé au

bronze pendant son incandescence. En effet, sur plusieurs points, les pépites d'or sont fonduesau pourtour, et font saillie dans leur milieu.

Fabrication antique des plus rares.

Haut. 18 cent.

www.ingramcontent.com/pod-product-compliance
Ingram Content Group UK Ltd.
Pitfield, Milton Keynes, MK11 3LW, UK
UKHW020337180726
13839UKWH00002B/754